Home is Everything

THE LATINO BASEBALL STORY

Home is Everything

THE LATINO BASEBALL STORY

photographs by
JOSÉ LUIS VILLEGAS

text by
MARCOS BRETÓN

preface by
ORLANDO CEPEDA

CINCO PUNTOS PRESS
EL PASO, TEXAS

translation by **DANIEL SANTACRUZ**

Home is Everything: *The Latino Baseball Story*. Photographs copyright © 2002 by José Luis Villegas and Latin Focus. Text copyright © 2002 by Marcos Bretón and Latin Focus. Introduction copyright © 2002 by Orlando Cepeda. Translation by Daniel Santacruz copyright © 2002 by Cinco Puntos Press.

FIRST EDITION
10   9   8   7   6   5   4   3   2   1

Library of Congress Cataloging-in-Publication Data   Bretón, Marcos.
Home is everything : the Latino baseball story : from the barrio to the major leagues / text by Marcos Bretón ; photographs by José Luis Villegas ; with an introduction by Orlando Cepeda translated by Daniel Santacruz. —1st ed.   p.   cm.   Summary: Explores the unique experiences of Latin American baseball players in the major leagues, including Roberto Clemente, Orlando Cepeda, and Jose Santana; their struggles, disappointments, and sometimes enormous successes.   ISBN 0-938317-70-9
1. Baseball players—Latin America—Biography—Juvenile literature.
2. Baseball players—Latin America—Pictorial works—Juvenile literature.
[1. Baseball players—Latin America.] I. Villegas, José Luis, ill. II. Title.
GV865.A1 B656 2003   796.357'092'368073—dc21   2002152069

Home is Everything, The Latino Baseball Story was compiled with the help of LATIN FOCUS and its founder Jimmy Dorantes. Latin Focus is dedicated to providing photos and illustrations that accurately display life in Latin America and in Hispanic and Latino cultures in the United States, and to bringing a deep and positive understanding of the vast and varied Latino and Hispanic cultures.

CINCO PUNTOS PRESS
EL PASO, TEXAS

Cover and book design by all-time great designer Vicki Trego Hill. Printed in Hong Kong by Morris Printing.

Many thanks to everyone who helped to put this book together including Eddie Holland for compiling the baseball stats; Antonio Garza for his edit of the Spanish translation; and Jessica Powers for continual support in the face of pressures and deadlines. As always, hats off to Cactus Mary.

Contents

Evaristo
Lantigua,
Coach

1996 • LA VICTORIA,
DOMINICAN REPUBLIC

This is Our Story

THIS IS OUR STORY, the story of Latinos in major league baseball, a story that is brought to life in the photographs of José Luis Villegas and the words of Marcos Bretón. I've known José for a decade. He and his colleague Marcos Bretón came to me in 1993 with the idea of publishing a book on the history—our history, my history— of Latinos in baseball. I was skeptical. I didn't think it could be done. It had never been done. At least not well.

For much of my life, I had been an outsider in this game I love, as had many Latinos in the big leagues. We were misunderstood, our stories were overlooked, our contributions weren't appreciated. We were only beloved in our own homes, in our countries. How could José Luis convey that in his work?

How?

Through his compassion as a human being and his brilliance as a photographer, José captures how much we love this game, how much it means to us, how we begin playing it from the time we are children and how it is so much a part of our lives.

Ésta es nuestra historia

ÉSTA ES NUESTRA HISTORIA, la historia de los latinos en el béisbol de grandes ligas, una historia que cobra vida en las fotografías de José Luis Villegas. Conozco a José desde hace diez años. En 1993, él y su colega Marcos Bretón me hablaron de la posibilidad de publicar un libro sobre la historia —nuestra historia, mi historia— de los latinos, en el béisbol. Me mostré escéptico. No pensé que podía hacerse. Nunca antes se había hecho. Al menos no se había hecho bien.

Durante gran parte de mi vida fui un desconocido en este juego que amo, como muchos de los latinos de las grandes ligas. No fuimos entendidos, nuestras historias no fueron tenidas en cuenta, no se apreciaron nuestras contribuciones. Se nos amaba sólo en nuestros hogares, en nuestros países. ¿Cómo podría mostrar eso José Luis en su trabajo?

¿Cómo?

Por medio de su compasión como ser humano y su talento como fotógrafo, José plasma lo mucho que queremos este juego, lo mucho que significa para nosotros, cómo empezamos a jugarlo desde que éramos niños y lo mucho que forma parte de nuestra vidas.

Orlando Cepeda

1999 • SACRAMENTO, CALIFORNIA

Nicknames: Baby Bull and Cha Cha / Born: September 17, 1937 / Birthplace: Ponce, Puerto Rico / Height: 6'2" / Weight: 210 / Position: 1B, OF / Debut in Majors: 1958 / Career Batting Average: .297 / Career Homeruns: 379 / Career RBIs: 1365 / Special: Inducted into Hall of Fame in 1999; 1958 Rookie of the Year; 1967 MVP; 7-time All-Star; twice led the league in home runs and once led league in RBIs

"The Baby Bull," Cepeda burst onto the scene in 1958, a fresh-faced rookie in a brand new baseball city—San Francisco. First baseman for the Giants, Cepeda was embraced by San Franciscans for his charm and skill. Initially loved even more than the great Willie Mays, Cepeda was rookie of the year in 1958. He would later be an MVP. But his life took a regrettable detour when he was busted for marijuana possession in 1975 and spent 10 months in prison. For a time, he lost hope. Then, Buddhism entered his life; he found peace and rebuilt his life. In 1999, he was inducted into the Hall of Fame.

APODADO "PERUCHÍN", CEPEDA, un novato de rostro fresco, irrumpió en la escena en 1958 en una ciudad que era nueva para el béisbol: San Francisco. Cepeda, que jugaba en primera base para los Gigantes, fue acogido por la ciudad por su encanto y sus habilidades. Nombrado Novato del Año en 1958, fue querido inicialmente más que Willie Mays. Después sería Jugador Más Valioso. Pero su vida dio un giro lamentable cuando fue detenido por posesión de marihuana en 1975 y pasó diez meses en prisión. Perdió las esperanzas durante un tiempo. Luego, cuando el budismo empezó a ser parte de su vida, halló paz y se rehabilitó. En 1999 fue admitido en el Salón de la Fama del Béisbol.

Latinos have been in the big leagues since 1902. Forty-five of us played before Jackie Robinson broke the color barrier. My own father —though he was a better player than I—was barred from the big leagues in the 1940s because he was black. I carried his hurt with me into the big leagues in 1958. I fought against the racism my people experienced in this game.

And I always spoke of how we—Latinos in baseball—deserved to be recognized for what we brought to the game.

At one time I thought that would never happen. But now I've changed my mind. In 1999, I was inducted into the National Baseball Hall of Fame, joining other greats from Latin America such as Roberto Clemente, Luis Aparicio, Juan Marichal and Rod Carew. For me, my induction was a blessed event—and the final rite of acceptance into this country that I now call home.

How beautiful that this book comes along now, in this time of opportunity for Latino ballplayers. My young brothers from Latin America are now so much a part of this game. They have achieved levels of fame I could never imagine. I feel proud of their achievements and proud of my contribution. And I'm proud of this book. It's our story, it's my story. It's the story of our home.

God bless José and Marcos, God bless baseball and God bless all of the Americas.

ORLANDO CEPEDA
National Baseball Hall of Fame, 1999

Los latinos han sido parte de las grandes ligas desde 1902. Cuarenta y cinco de nosotros jugamos antes de que Jackie Robinson rompiera las barreras del color. Mi propio padre, que era mejor jugador que yo, fue excluido de las grandes ligas en la década de los 40 por ser negro. Llevé su pena conmigo a las grandes ligas en 1958. Luché contra el racismo que sufrieron los míos en este juego.

Y siempre hablé de cómo nosotros —los latinos que juegan béisbol— merecíamos que se nos reconociera lo que aportamos al juego.

En cierta ocasión pensé que eso nunca sucedería. Pero he cambiado de opinión. En 1999 fui admitido en el Salón de la Fama del Béisbol, uniéndome a otros grandes de América Latina, tales como Roberto Clemente, Luis Aparicio, Juan Marichal y Rod Carew. Para mí, ello fue un suceso afortunado y la aceptación final en este país donde ahora vivo.

Qué grato que este libro salga ahora en esta época de oportunidades. Mis jóvenes hermanos latinoamericanos son tal parte de este juego que han alcanzado una fama que nunca imaginé. Me siento orgulloso de eso y de mi contribución, como lo estoy de este libro. Es nuestra historia, es mi historia. Es la historia de cómo llegar a la meta.

Que Dios bendiga a José y a Marcos, que Dios bendiga al béisbol y que Dios bendiga a las Américas.

ORLANDO CEPEDA
Salón de la Fama del Béisbol, 1999

Roberto Clemente

1993 • SAN JUAN, PUERTO RICO

August 18, 1934 – December 31, 1972 / Birthplace:
Carolina, Puerto Rico / Height: 5'11" / Weight: 180 /
Debut in Majors: April 1955 / Career Batting Average:
.317 / Career Homeruns: 240 / Career RBIs: 1305 /
Career Hits: 3000 / Special: MVP, 1966; World Series
MVP 1971; 200 hits four times (1961, 64, 66, 67); hit
over .350 twice (1961, 67); 12 time All-Star; led the
league in batting four times; 12 Gold Glove awards.

The one true legend in Latin baseball. A towering figure in the history of baseball. A Hall of Famer who collected 3,000 hits and won nearly every award there is, the Puerto Rican starred with the Pittsburgh Pirates from 1955 to 1972. But it was Clemente's heart and soul, his advocacy for Latin players, for the poor, for Puerto Rico, that made him a great man. When he died in a tragic plane crash at the end of 1972, all of baseball mourned. Today, his legend lives on—a great man and the greatest Latin player of all time.

VERDADERA LEYENDA del béisbol latino. Figura dominante en la historia del béisbol. Nombrado al Salón de la Fama, este puertorriqueño, que anotó 3000 batazos y ganó casi todo premio que existe, jugó con los Piratas de Pittsburgh entre 1955 y 1972. Pero fueron su corazón y su alma, su apoyo a los jugadores latinos, a los pobres y a Puerto Rico que los cuales lo hicieron un gran hombre. Todo el béisbol lo lloró cuando murió en un accidente de aviación a finales de 1972. Su leyenda sigue viva hoy. Fue un gran hombre y el mejor jugador latino de todos los tiempos.

Home is Everything

IN BASEBALL, the most American of games, home is everything. It's the object and essence of a sport that is more passion than pastime—to run home, to score, to win. Home can be anywhere and everywhere—from the sandlot diamonds and Little Leagues and high schools and colleges and minor leagues to the storied athletic cathedrals of Fenway, Wrigley and the House that Ruth Built—those ball fields where the home fans always root for the home team. Home is where children, guided by their parents' enthusiasm, watch the game on their TV screens, building life-long attachments to their teams and the game. And the home field advantage is the honor bestowed on the best teams of each league when the hopeful games of summer lead to the holy grail of October, the post season, the World Series.

And long before that, home is the American towns and cities where baseball took root in the 19th century and the beginning of the 20th, a time when it was a game of community, of family and brotherhood.

Home es todo

EN EL BÉISBOL, el más norteamericano de todos los deportes, la meta es todo.

El objetivo y la esencia de un deporte que es más pasión que pasatiempo es llegar a la meta, anotar carreras, ganar. La meta puede estar en cualquier parte y en todas partes, ya sea en los diamantes de solares, en las ligas infantiles, en los colegios de bachillerato, en los colegios universitarios y en las ligas menores, e incluso en las legendarias catedrales de Fenway, Wrigley y la Casa que Construyó Ruth, campos estos donde los aficionados de casa animan al equipo de casa. La casa es donde los niños, guiados por el entusiasmo de sus padres, ven el juego en pantallas de televisión, creando nexos con sus equipos y con el juego que duran toda la vida. Y la ventaja de jugar en casa es el honor que se le confiere a los mejores equipos de cada liga cuando a los prometedores partidos del verano sigue la codiciada postemporada, en octubre, y la Serie Mundial.

Y mucho antes de ello, el hogar del béisbol son los pueblos y ciudades de Estados Unidos donde el juego echó raíces en el siglo diecinueve y a comienzos del veinte, cuando era un deporte de comunidad, de familia y hermandad. Qué tiempos aquellos cuando los equipos de un pueblo competían entre sí. Tal vez un pueblo tenía mejores parques y escuelas. Tal vez un pueblo tenía más pobres. ¿Pero qué importaba si el equipo de casa ganaba? ¿Significaba mucho ganar el juego?

Sí, significaba mucho.

Y ello no cambió cuando el béisbol de comunidad y semiprofesional dio paso a un nuevo fenómeno del siglo veinte: los deportes profesionales. Ahora el campo de juego era más grande, las apuestas mayores y la influencia del béisbol se extendía más. Con la llegada de la radio, el equipo de casa podía estar a cientos de millas de distancia. Un niño campesino de Iowa podía animar a los Cachorros de Chicago o un niño de Mississippi podía seguir a los Cardenales de Saint Louis; los habitantes de la costa de Maine podían vivir y morir por los Medias Rojas de Boston.

El amor por el equipo de casa no conoce fronteras.

Y nada se compara con la emoción de la meta, con la jugada en la base del bateador, con el resultado final en la parte baja de la novena que le da el triunfo al equipo de casa.

Así sucedió en 1997, cuando los Marlins de Florida, que iban perdiendo casi al final y parecían derrotados, se recuperaron y le ganaron a los Indios de Cleveland en el séptimo juego de la Serie Mundial. Mientras el mundo miraba y la carrera ganadora estaba en

Those were the days: teams from one town competing against another. Maybe one town had nicer parks and schools. Maybe one town had more poor people. But what did it matter if the home team won? Didn't winning the game mean so much?

It did.

And that didn't change when community, semi-pro baseball gave way to a new phenomenon of the 20th century—big-time professional sports. Now the playing field was bigger, the stakes higher, baseball's reach longer. When radio came along, the home team could be hundreds of miles away—an Iowa farm boy loving the distant Chicago Cubs or a child of Mississippi following the St. Louis Cardinals or the denizens of coastal Maine living and dying with the Boston Red Sox.

The love for the home team knows no borders.

And nothing matches the thrill of home—the play at home plate, the final score in the bottom of the ninth that wins the game for the home team.

That happened in 1997 in the World Series, when the Florida Marlins, down late and seemingly finished, rallied against the Cleveland Indians in Game 7 to win the championship. With the world watching and the winning run standing on third, there was a ground ball, a hit and a joyous, jumping ballplayer named Craig Counsell running to the plate. The winning run! The champi-

Edgar Rentería

The magician from Colombia. A natural who combines quick feet with soft hands as the shortstop for the St. Louis Cardinals. In 2002, Rentería emerged as a hitter. But before then, he built a reputation as one of the best glove men in the game. In 1997, he drove in the winning run in Game Seven of the World Series.

2002 • SAN FRANCISCO, CALIFORNIA

El mago de Colombia. Un jugador innato de pies rápidos y manos suaves que juega como paracorto con los Cardenales de Saint Louis. En 2002 surgió como bateador, pero antes de ello se labró una reputación de ser uno de los mejores receptores del juego. En 1997, impulsó la carrera ganadora en el séptimo juego de la Serie Mundial.

Born: August 7, 1975 / Birthplace: Barranquilla, Colombia / Height: 6'1" / Weight: 172 / Position: SS / Bats right, throws right / Career BA: .279 / Special: 2-time All-Star

onship! All those dreams, all at home. It was a wild celebration, a momentous event.

But who hit the ball? Who brought the runner home?

Edgar Enrique Rentería, a 6-foot-one-inch string bean from Barranquilla, Colombia; he played a stylish game of shortstop and loved baseball just as much as Counsell, the guy he brought home. Rentería, like so many Latinos before him, learned the game on the streets, in the barrios, playing barefoot, swinging sticks of bamboo,

tercera base, apareció un roletazo, un batazo y un jugador alegre y que corría a saltos a la meta llamado Craig Counsell. ¡La carrera ganadora! ¡El campeonato¡ Todos esos sueños habían sucedido en casa. Fue una celebración frenética, un acontecimiento trascendental.

¿Pero quién bateó la pelota? ¿Quién hizo que el jugador anotara la carrera?

Fue Edgar Enrique Rentería, un jugador flaco de seis pies y una pulgada de alto, de Barranquilla, Colombia, quien jugaba un juego elegante de paracorto y amaba al béisbol tanto como Counsell, el hombre a quien hizo que anotara. Rentería, como tantos latinos antes de él, aprendió el juego en las calles, en los barrios, jugando

CON ESPERANZAS
**Sentados en una banca,
estos niños lucen sus gorras
de béisbol favoritas.**

descalzo, bateando con palos de
bambú y golpeando pelotas de
trapo. Para él, ese *fue* su hogar,
ese *es* su hogar y siempre lo será,
no importa lo rico que se haga
en Estados Unidos, no importa
adonde lo lleven su guante y su
bate, y no importa cuántas veces
se repita la Serie Mundial en
ESPN. Su hogar será Barranquilla,
una ciudad portuaria.

1993 • BANÍ, THE DOMINICAN REPUBLIC

They Hope

**Kids on a bench wear their
favorite baseball caps.**

Como se veía, el batazo de Rentería fue sólo un
preludio, el primer disparo de una ola de pasión y buena
voluntad que sacaría al béisbol del abismo: la huelga
de 1994, que hizo que se cancelara la Serie Mundial.
En 1998, las pelotas empezaron a volar fuera de los
estadios como nunca antes y, de repente, nadie hablaba
más de la huelga. La gente hablaba de béisbol otra vez.
Sin embargo, el hombre que bateaba más carreras al
comienzo del verano, Mark McGwire, de los Cardenales
de Saint Louis, se sentía "como un animal enjaulado"
porque más y más gente le ponía atención a su gran
fuerza. El béisbol todavía necesitaba algo.

Entonces, en junio, a la misma vez que el tiempo

hitting balls fashioned from rolled-up cloth. That *was* home for him,
that *is* home for him and always will be no matter how rich he gets
in America, no matter where his glove and bat take him, and no
matter how many times his World Series moment is replayed on
ESPN—home is the port city of Barranquilla, Colombia.

As it turned out, Rentería's hit was just a prelude, the first shot in
a wave of passion and goodwill that would bring baseball back from
the abyss—the strike of 1994 that canceled the World Series. By 1998,
balls started flying out of ballparks like never before, and suddenly
nobody was talking about the strike anymore. People were actually
talking baseball again. Yet, the guy who was hitting the most homers

The Swing

1993 • SAN PEDRO DE MARCORIS, THE DOMINICAN REPUBLIC

Carlos de la Rosa swings a bamboo stick and hits a line drive in a pickup stickball game.

EL SWING

Carlos de la Rosa golpea un palo de bambú y lanza un batazo de línea en un rudimentario juego de béisbol.

early that summer, Mark McGwire of the St. Louis Cardinals, was feeling surly—"like a caged animal"—as more and more people paid attention to his Bunyanesque power. Baseball still needed something. Then, in June, as the weather turned warm and the joy of summer took hold, the game got what it needed—a heart and a soul.

His name was Sammy Sosa.

Where was he from? San Pedro de Macoris, the Dominican Republic, where baseball is in the DNA of every single resident. Baseball is in the air, the water and the earth. It is on the rough diamonds

se hacía más caluroso y la alegría del verano llegaba para quedarse, el juego recibió lo que necesitaba: corazón y alma.

Su nombre era Sammy Sosa.

¿De dónde era? De San Pedro de Macorís, en República Dominicana, donde el béisbol está en el ADN de todos los habitantes. El béisbol está en el aire, en el agua y en la tierra. Está en los burdos diamantes donde los equipos juegan día y noche, y en las calles y los callejones donde Sosa empezó a batear con ramas de árbol con gran fuerza, como única válvula de escape en una humilde vida. El padre de Sosa murió cuando él tenía siete años. Su familia era pobre. Lustró zapatos, vendió naranjas, lavó autos. Jugó béisbol, se hizo conocer, firmó un contrato profesional y estableció una carrera. Y en junio de 1998, tomó la pasión de los latinos por el béisbol y la descargó en los lanzadores de ligas mayores. Entre el primero y el 30 de junio bateó 20 jonrones más que cualquier otro jugador lo había hecho en un mes y en un año de los cien años de la historia de nuestro pasatiempo nacional. De repente, teníamos un carrera de jonrones,

Un candidato a los Atléticos de Oakland trota cuesta arriba durante un entrenamiento en la selva de República Dominicana.

una cacería para alarmar a los fantasmas de Babe Ruth y Roger Maris y Mickey Mantle, una carrera que traería a los aficionados a los estadios de nuevo y a las páginas de deportes, una carrera para salvar el béisbol.

A diferencia de Mark McGwire, Sammy no se sentía tenso. Estaba feliz. En agosto, cuando él y McGwire estaban cerca de la marca más sagrada —los 61 jonrones de Roger Maris durante una temporada— Sammy parecía jugar con más alegría. Los reporteros, siempre en busca de un buen artículo, no hacían sino preguntarle lo mismo: "Sammy, ¿no sientes presión por querer romper la marca?"

"¿Presión? La presión la sentí cuando era niño y no sabía si iba a comer o no. La presión era ganarse la vida lustrando zapatos. Esto es béisbol. Amo el béisbol".

La República Dominicana, una isla la mitad del tamaño de Carolina del Sur, está apenas a una hora de vuelo de Miami, pero es un mundo diferente al de Estados Unidos. Colón la llamó una vez "la tierra más linda que hay bajo el sol", pero esta isla no ha tenido

1996 • LA VICTORIA, THE DOMINICAN REPUBLIC

The Jungle

An Oakland Athletics' prospect runs wind sprints up a hill during baseball camp in the tropical forest of the Dominican Republic.

where teams play day and night, and in the streets and alleyways where Sosa began swinging tree branches with great force as his only outlet in a humble life. Sosa's dad died when he was seven. His family was poor. He shined shoes, sold oranges, washed cars. He played ball, got noticed, signed a professional contract and built a career. And in June of 1998, he took all the Latino passion for the game of baseball and all the fire that had driven him from the streets, and he unleashed it on major league pitchers. Between June 1 and June 30, he hit 20 home runs—more than any player, in any month, in any year in the century-old history of our national pastime. Suddenly, we had a home run race, a chase to rattle the ghosts of Babe Ruth and Roger Maris and Mickey Mantle—a race that would bring fans back to the ballparks and to the sports pages, a race to save the game of baseball.

Unlike Mark McGwire, Sammy wasn't tense. He was happy. When July gave way to August and he and McGwire were within reach of baseball's most hallowed record—Roger Maris' 61 home runs in one season—Sammy seemed to play with even more joy. The reporters, always out for a story, kept asking him the same question: "Sammy, don't you feel pressure chasing the record?"

"Pressure? Pressure was when I was a child and I didn't know where my next meal was coming from. Pressure was shining shoes for a living. This is baseball. I love baseball!"

The Dominican Republic, an island half the size of South Carolina, is only an hour's plane ride from Miami but it's another world from the one we know in the U.S. Columbus once called it "the fairest land under the sun," but not much luck has come to the island since 1492. Like much of Latin America, its history has been marked by cataclysms, poverty and political unrest. Baseball arrived in the Dominican in the early part of last century along with U.S. companies

mucha suerte desde 1492. Como la mayoría de América Latina, su historia se ha caracterizado por cataclismos, pobreza, agitación política y dominación económica. El béisbol llegó a la isla a principios del siglo pasado, junto con compañías norteamericanas y el ejército de Estados Unidos, cuya estadía duró diez años. Se extendió por países del Caribe —Puerto Rico, Cuba, Panamá, la costa norte de Colombia, Venezuela y partes de Mexico—, que son el corazón y el alma del béisbol latinoamericano. El juego ha sido una bendición, una fuente de esperanza en un país donde la mayoría de sus ocho millones de habitantes viven en la pobreza. Y, finalmente, cuando los latinos empezaron a llegar a las grandes ligas en números respetables después de la Segunda Guerra Mundial, el juego se convirtió en una religión secular, una forma de vida, una pura fuente de héroes.

La pureza del juego todavía existe en América Latina, como lo fue en Estados Unidos antes de que lo agobiaran conflictos laborales y agitación social, o encontrara nuevos héroes como Michael Jordan. Y allá, al grandioso y viejo juego se le dio colorido y sabor con el ritmo, la música, el oleaje y el calor de América Latina. Con el tiempo se convirtió en otra clase de juego, no en un pasatiempo, sino en una "fuente de esperanza", como lo llaman los dominicanos. La esperanza comienza al nacimiento, cuando a los niños se les recibe en el mundo con esta bendición:

"¡Será un gran jugador de pelota¡" Cuando empiezan a caminar, toman ramas de árboles en los brazos y empiezan a pegarle a todo lo que se les lance. Cuando llegan a la adolescencia, ya son veteranos, con callos en las manos y los pies, que juegan todo el año en el trópico, donde cada día es como verano. A los 17 años se enfrentan a un momento decisivo: ¿Serán lo suficientemente buenos? ¿Podrán jugar en un equipo de ligas mayores?

Muchos han hecho el largo viaje que hay entre sus hogares y las ligas mayores porque ahora, a comienzos del siglo veintiuno, todos los 30 equipos de las Grandes Ligas tiene una presencia hispana. Equipos como los Atléticos de Oakland, los Dodgers de Los Ángeles y otros han establecido sofisticadas "academias" de béisbol de varios acres de extensión que han transformado en campos de béisbol lo que eran selvas. En ellas, en el más extraño de los entornos, jóvenes largiruchos y recios aprenden lo fundamental en diamantes perfectamente cuidados. Los equipos alojan a los jugadores en dormitorios y alimentan a los candidatos con comidas balanceadas. Con frecuencia ésta es la primera vez que esos muchachos duermen en sábanas limpias o comen comidas nutritivas. Lo nuevo no termina allí: algunos usan un inodoro por primera vez. O una ducha cubierta. Se les enseña disciplina, la importancia de llegar a tiempo, de seguir instrucciones. Se les enseña inglés después de los entrenamientos y

and the 10-year presence of the U.S. Army. The game spread throughout the Caribbean—Puerto Rico, Cuba, Panama, Venezuela, Colombia's north coast and into Mexico. These countries are the heart and soul of Latino baseball. The game became a blessing, a source of hope where so much of the citizenry live in poverty. And when Latinos began reaching the big leagues in significant numbers after World War II, the game became a secular religion, a way of life, a pure source of heroes.

The purity of the game still exists in Latin America, the way it did in the United States before we became jaded by labor strife and social upheaval or found other heroes like Michael Jordan. And there the grand old game was colored and spiced up by the beat, the music, the surf and the heat of Latin America. Over time, baseball in Spanish became another kind of game altogether—not a pastime, but a "fountain of hope," as the Dominicans call it. The hope begins at birth, when young boys come into this world with the benediction, "He'll be a great ballplayer!" As toddlers, they cradle tree branches in their arms and start swinging at anything thrown their way. By adolescence, they're veterans with callused hands and feet, playing year-round in the tropics where every day is like summer. At the age of 17, the youngsters face a moment of truth—Will they be good enough? Will they be signed by a major league baseball team?

Many have traveled that long distance between home and the major leagues because, now, at the beginning of the 21st century,

Idol

A young fan carries the image of Miguel Tejada around his neck. This photo was taken before Tejada ever reached the big leagues, but he was already a star in the Dominican.

1996 • BANI, DOMINICAN REPUBLIC

Un joven fanático lleva la foto de Miguel Tejada al cuello. La foto fue tomada antes de que Tejada llegara a las grandes ligas, pero ya era una estrella en República Dominicana.

se convierten en el porvenir de sus familias.

Así le sucedió a Miguel Tejada, el paracortos estrella de los Atléticos de Oakland, joven zarrapastroso que tenía pocas oportunidades y aparentemente poca esperanza de dejar el miserable barrio de su juventud. Tejada firmó un contrato con los Atléticos en 1993, poco después de cumplir 17 años. El equipo pagó $2000 por sus servicios, una miseria comparada con los millones que los mejores candidatos norteamericanos exigen sólo poner su firma en la línea punteada de un contrato. Ésta es la realidad de la historia de los latinos en el béisbol, parte de la cual los hace tan deseables para los equipos norteamericanos. Son muy buenos y se les paga muy poco.

Otra realidad es la fiera competencia entre los jóvenes candidatos latinos por una posición en las ligas menores norteamericanas. El proceso de eliminación empieza durante una liga de verano organizada por

every single one of the 30 teams in Major League Baseball has some kind of Latino presence. Teams like the Oakland Athletics, the Los Angeles Dodgers and others have built elaborate "academies"—multi-acre facilities which have transformed jungles into baseball camps. There, in the oddest of settings, gangly, rough young men are drilled in fundamentals on perfectly manicured diamonds. Teams house their players in dormitories and feed their prospects balanced meals. Often it's the first time these boys will sleep under clean sheets or eat nutritious meals. The firsts don't stop there: some of these boys encounter a toilet for the first time. Or an indoor shower. They are taught discipline, the importance of being on time, of following

Luis Silva, de 18 años, un candidato a lanzador a los Atléticos de Oakland oriundo de Venezuela, alza pesas detrás del estadio.

1993 • SANTO DOMINGO, DOMINICAN REPUBLIC

las Grandes Ligas de Béisbol, en la cual los equipos ponen a jugar a los candidatos entre ellos en partidos que van de mayo a septiembre. Los mejores ganan un viaje al Entrenamiento de Primavera para jugar contra lo más talentoso que Estados Unidos tiene que ofrecer. Una vez en suelo norteamericano, jóvenes latinos como Tejada pelean durante el día por una posición en el equipo, mientras que por la noche tratan de entender cómo son las cosas en Estados Unidos. Luchan con su inglés, comen juntos en restaurantes y deambulan por centros comerciales, mirando con fascinación las ventajas que damos por seguras. Se sienten solos, extrañan a sus familias y son incapaces de pronunciar palabra en una tierra extraña. Saben que están muy lejos de casa.

Algunos tropiezan con los retos de un nuevo país en el cual nunca encajan del todo y se encierran en sí

Working Out

Luis Silva, an 18-year-old Venezuelan pitching prospect for the Oakland Athletics, pumps iron behind the ballpark.

instructions. They are taught English after practice and they become the bright, shining hope of their families.

This is how it was for Miguel Tejada, the All-Star shortstop for the Oakland Athletics, who was once a scruffy little barrio kid with few options and seemingly little hope of ever escaping the miserable barrio of his youth. Tejada was signed by the Athletics in 1993, shortly after his 17th birthday. The team paid $2,000 to acquire his services, a pittance compared to the millions top American prospects command just to sign on the dotted line. This is the reality of the Latino baseball story, part of what makes Latino players so attractive to

American teams. They are very good and they are very cheap.

Another reality is the fierce competition between young Latino prospects for a spot in the American minor leagues. The weeding-out process begins during a summer league organized by MLB, where teams pit their prospects against one another in games that run from May to September. The best of the best wins a trip to Spring Training to play against the hottest talent the United States has to offer. Once on U.S. soil, Latino kids like Tejada fight for a spot on their team by day while trying to figure out the U.S. by night. They struggle with their English; they eat together in restaurants and wander through shopping malls, staring in wonderment at blessings we take for granted. They feel lonely, missing their families, tongue-tied in a strange land. They know that they are very far from home.

Some are tripped up by the challenges of a new country; they never quite fit in and they withdraw into themselves. When this loneliness and feeling of alienation affect their play, creating mental errors and erratic performances, they are finished—cut loose, like the many, many kids who try hard but simply don't measure up, the ones whose abilities don't match their dreams. Or like the kids who are injured or never really get the chance to show the management their skills. They too get their release papers. According to Major League statistics, between 90 and 95 percent of the 1,000 or so Latino prospects brought to the U.S. every year are released at the minor

mismos. Cuando esta soledad y este sentimiento de marginación afectan su juego, creando errores mentales y desempeño errático, están acabados y son despedidos, como muchos de los jóvenes que tratan arduamente pero que no están a la altura, o como aquellos cuyas destrezas no responden a sus sueños. O como los que se lastiman o nunca tiene la oportunidad de mostrar sus destrezas al cuerpo directivo de los equipos. Ellos también son despedidos. Según estadísticas de las Grandes Ligas, de unos 1,000 jóvenes latinos que vienen a Estados Unidos cada año, entre el 90 y el 95 por ciento no pasa de las ligas menores. Cuando ese día llega, ello significa no solamente que el jugador no jugará más, sino que es el fin de un sueño, un sueño que cada jugador latino ha abrigado desde que empezó a jugar en las calles de otro país y en otro idioma. Muchos siguen aferrados a su sueño. No tienen nada que hacer en su país, así que se quedan como ilegales en Estados Unidos. Parten hacia los sitios donde encontrarán a sus paisanos y donde se habla el idioma de casa. La ciudad de Nueva York, por ejemplo, tiene la población más grande de dominicanos en Estados Unidos y equipos de béisbol semiprofesionales donde esos hombres pueden mantener vivas sus tenues esperanzas. Allí se las arreglarán para vivir de alguna forma, lejos del hogar y del sueño que definió sus vidas. Algunos se hacen residentes legales de este país, su nuevo hogar.

Dos candidatos a los Ángeles de California se sientan a la sombra en el Parque de Consuelo durante un fogeo entre los Bravos de Atlanta y los equipos preparatorios de los Ángeles.

Waiting to Play

1993 • CONSUELO, DOMINICAN REPUBLIC

Two California Angel prospects find shade outside the Parque de Consuelo during an on-going scrimmage between the Atlanta Braves' and the Angels' developmental teams.

Si logran ser parte de la plantilla de un equipo de ligas menores, empiezan un arduo viaje hacia su otra meta, la otra meta con la que habían soñado. Miguel Tejada pasó sin gracia por Medford, Oregon, Modesto, California, y Huntsville, Alabama. Sammy Sosa jugó en Sarasota, Florida, y Tulsa, Oklahoma, antes de triunfar en grande. Esos fueron momentos de prueba, tanto en el campo de juego como fuera de él. Miguel dice que casi se retira de lo solo que se sentía. Sammy casi hace lo mismo. En cierto sentido, estaban aquí, pero no lo estaban. El único sitio donde se sentían como en casa era en el campo de juego, donde las cosas eran familiares, aunque sólo fuera por un rato. Era allí, luciendo el uniforme y jugando el juego que para ellos significaba tanto, que cobraban vida. Pero apenas terminaba éste, volvían a ser lo mismo que eran: jóvenes solitarios, a veces asustados, que habían dejado todo lo que les era conocido.

league level. When that day comes, it doesn't just mean the end of playing ball—it means the end of a dream, one each Latino player has cherished since playing ball in the streets back home in another country and another language. Many can't let go. They have nothing to go home to, so they stay in the U.S. as undocumented immigrants. They make a beeline to places where they will find their countrymen and where the language of their home is spoken. New York City, for instance, has the largest concentration of Dominicans in the U.S., and the city has semi-pro ball teams where these men can keep their faint hopes alive. There they will try to scratch out a living somehow, some way—far from home and the dream that defined their lives. Some become legal residents and citizens of this new country, their new home.

If they make a minor league roster, they begin the long journey toward their other home, the one they've always dreamed of. Miguel Tejada awkwardly passed through Medford, Oregon, Modesto, California, and Huntsville, Alabama. Sammy Sosa played in Sarasota, Florida, and Tulsa, Oklahoma, before reaching the big time. These were times when they were tested, both on and off the field. Miguel said he almost quit at one point, he was so lonely. Sammy almost did, as well. In a sense, they were here but they weren't—the only place they could call home was the ballpark, where things were familiar if only for a little while. It was at the park, in uniform, playing the game that meant so much, where they truly came alive. But once that game was over, it was back to being who they were—lonely, sometimes scared kids who had left behind everything they had ever known.

Still, their predecessors had it a lot harder. Latino men have played major league baseball since 1902, a full 45 years before Jackie Robinson was credited with breaking baseball's color barrier. In fact, before Robinson suited up for the Brooklyn Dodgers in 1947, 45 mostly Cuban men had already played major league baseball. Back then, these men were oddities; in fact, the very best Latino players—men who were black—were barred from playing big league ball just like African-Americans. Only Latino players with passably light skin were

A pesar de todo, para sus predecesores fue mucho más difícil. Los latinos han jugado béisbol de ligas mayores desde 1902, 45 años antes de que a Jackie Robinson se le atribuyera el haber echado abajo la barrera del color. Es realidad, antes de que Robinson vistiera el uniforme de los Dodgers de Brooklyn in 1947, 45 hombres, en su mayoría cubanos, ya habían jugado en el béisbol de grandes ligas. Fueron una rareza en esa época. En realidad, los mejores jugadores latinos —hombres negros— habían sido excluidos del béisbol de grandes ligas, al igual que los afroamericanos. Sólo a los jugadores latinos de piel aceptablemente blanca se les permitía entrar. En Estados Unidos, donde la raza se define en blanco y negro, esos pioneros latinos no encajaban. Casi nadie lo recuerda ahora, pero antes de 1920, dos cubanos lograron una hazaña increíble: jugar en las antiguas Ligas Negras y luego en las ligas mayores segregadas.

¿Cómo lo lograron?

La pregunta más importante es: ¿Por qué nadie recuerda?

Jacinto Calvo y José Acosta eran como muchos hombres latinos: llevaban sangre africana y europea en sus venas. Esta mezcla produce varios matices de color de piel. Aunque no eran exactamente blancos, no eran negros de la forma como los norteamericanos definían lo negro. En el béisbol de las Grandes Ligas, si eran del piel lo suficientemente clara, no había problema. Podían jugar. Calvo y Acosta eran suficientemente blancos. Pero tenían que firmar papeles que decían que tenían herencia africana. Así pues, no se les reconoció como pioneros raciales. Y puesto que los mejores jugadores latinos eran negros, y por lo tanto estaban excludios de las Grandes Ligas, es como si Calvo y Acosta nunca hubieran existido.

No fue hasta después de 1947, y el importante avance de Robinson, que lo mejor de América Latina empezó a llegar a nuestro país. Jugadores como Minnie Minoso, Roberto Clemente, Orlando Cepeda, Vic Power y Zoilo Versalles cambiaron el juego. Chico Carrasquel, un venezolano de manos suaves, corazón grande y gran alcance, abuelo de todos los paracortos latinos, jugó con los Medias Blancas de Chicago en la década de los 50. Se movía como un bailarín, devoraba bolas bajas y creaba dobles matanzas, e hizo que en su posición la maestría fuera la norma.

Vic Power, un puertorriqueño negro cuyo apellido, Pellot, fue anglicanizado, era ostentoso y no tenía miedo del racismo que encontraba en el campo de juego, en los periódicos y en la calle. Power respondía, se defendía y no le hacía caso a los entrenadores cuando trataban de controlarlo. Los escritores deportivos y los fanáticos no habían visto a nadie así. Lo llamaron "fanfarrón".

Roberto Clemente, el inmortal puertorriqueño, era "temperamental" porque se atrevió a retar el "status

allowed in. In the U.S., where race is defined in black and white, these early Latino pioneers didn't fit. Barely anyone remembers now, but before 1920 two Cuban men pulled an amazing feat—playing in the old Negro Leagues and then in the segregated major leagues.

How did they do this?

The more important question: why does no one remember?

Jacinto Calvo and José Acosta were like many Latino men—they had African, European and indigenous Indian blood in them. That mix spawns different shades of skin color. While they weren't completely black the way Americans defined black, they weren't exactly white either. But in the early days, many Latino players had to sign pieces of paper renouncing their African heritage. If they were light enough, the way Calvo and Acosta were, they could pass. And so they never came close to being recognized as racial pioneers. And because the best Latino players, like black players, were barred from the MLB, it's as if men like Calvo and Acosta never existed.

It wasn't until after 1947, and Robinson's breakthrough, that the best of Latin America began to reach our shores. Men like Minnie Minoso, Roberto Clemente, Orlando Cepeda, Vic Power, and Zoilo Versalles changed the game. Chico Carrasquel, a Venezuelan with soft hands, a big heart and great range, was the granddaddy of all Latino shortstops, starring with the Chicago White Sox in the 1950s. He moved like a dancer, swallowing up ground balls and turning

Vic Power

BORN VICTOR FELIPE PELLOT POVE

One of the greatest first basemen to ever play the game, the Puerto Rican-born Power won seven consecutive Gold Glove awards while patrolling first for the Kansas City Athletics, Cleveland Indians and Minnesota Twins in the late 1950s and early 1960s. Projected to be the first black player in the hallowed New York Yankees franchise, the Bronx Bombers refused to promote Power from the minors in the early 1950s—they didn't want an outspoken black man in pinstripes. So he was sent to the Athletics for a pair of burned-out players. He thrived and never let bitterness sour his sunny disposition.

LE FUE DADO EL NOMBRE de Víctor Felipe Pellot Pove al nacer. Uno de los mejores primera base que ha visto el deporte, Power, nacido en Puerto Rico, ganó siete Guantes de Oro consecutivos por jugar en esa posición con los Atléticos de Kansas City, los Indios de Cleveland y los Mellizos de Minnesota a finales de la década de los 50 y a comienzos de la de los 60. Se suponía que iba a ser el primer jugador negro en los sacrosantos Yankees de Nueva York, pero el equipo rehusó subirlo de categoría de las menores a comienzos de la década de los 50; no querían que un hombre negro y franco vistiera su uniforme. Así, fue enviado a los Atléticos a cambio de un par de jugadores ya quemados. Prosperó y nunca dejó que su amargura interfiriera con su naturaleza alegre.

1993 • SAN JUAN, PUERTO RICO

Bats Right, Throws Right / Height 5' 11", Weight 195 lb. /
Debut in Majors: April 1954 / Career Batting Average: .284 /
Career Homeruns: 126 / Career RBIs: 658 / Special: 7
Golden Gloves at First; All-Star 4 years.

Las estadísticas indican que más de 90 por ciento de los jugadores latinos son despedidos antes de que lleguen a equipos Double A. Aquí, Arturo Paulino, de 19 años, que juega para los Gorras Blancas, un equipo de Class-A de Grand Rapids, siente la presión despés de haber sido sacado por strikes por segunda vez.

1996 • GRAND RAPIDS, MICHIGAN

Time is Running Out

Statistics show that 98 percent of Latino players are released before reaching Double-A ball. Here, Arturo Paulino (age 19), playing for the Class-A Grand Rapids Whitecaps, feels that pressure after striking out for the second time.

quo" y se atrevió a preguntarle a los escritores deportivos porqué a los jugadores latinos no se les hacía justicia. Negro y talentoso, llegó a Pittsburgh en 1955 y logró formar parte de la plantilla con que abrían los Piratas. Durante los 17 años siguientes jugó como pocos hombres en la historia. Podía batear para promedio, batear con poder, podía correr, podía fildear y podía sacar jugadores que corrían entre bases desde su posición en el jardín derecho como si su brazo fuera biónico. Sus oponentes se asombraban de que pudiera hacer eso con una elegancia y con un ritmo que lo hacían distinto a otros jugadores. "Clemente podía vestir un uniforme de béisbol de la forma que unos hombres visten de esmoquin", dijo una vez un escritor deportivo de esta perenne estrella, campeón de bateo y Jugador Más Valioso de la Liga Nacional en 1966. Pero lo que lo hacía distinto era su conciencia social,

double plays like never before, making his position one where artistry became the standard.

Vic Power, a Puerto Rican whose last name of Pellot was Anglicized, was flashy and outspoken—a black man who wasn't afraid of Jim Crow. Power talked back, he fought back, he didn't listen when coaches tried to reign him in. Sports writers and fans had never seen anyone like him. They labeled him a "showboat."

Roberto Clemente, the immortal Puerto Rican, was "moody" because he dared to challenge the status quo and dared to ask the writers why Latino players weren't receiving their due. Clemente, black and gifted, arrived in Pittsburgh in 1955 and broke into the

Pirates' starting lineup. For the next 17 years, he played the game like few men in history. Clemente could hit for average, hit for power, he could run, he could field and he could throw runners out from his position in right field as if his arm were bionic. Opponents marveled at how he could do all of this with a grace, a rhythm that set him apart from other players. "Clemente could wear a baseball uniform like some men wear a tuxedo," a writer once said of the perennial All-Star, batting champion, and National League Most Valuable Player of 1966. But what set him apart was his social conscience, his pride in who he was, where he was from, in his language, his heritage and his people. As a black man in the 1960s, Clemente saw wrong and spoke out against it. He saw a game where Latinos were making huge contributions with little fanfare. Why, he asked, did you never see Latinos written about in the papers the way American players were? Why were they always made fun of for the way they spoke and ignored for what they did? Clemente wasn't stoic or humble like the ideal of the American player up to that point. If there was something on his mind, he said it. If he was asked how he felt when he didn't feel well, he said so. In a culture where hiding injury was considered admirable, Clemente's confessional nature was seen as weakness. He was called a malingerer, an injury faker and worse.

Meanwhile, his greatness—the talent that produced 3,000 hits, 12 Gold Gloves, two batting championships and every accolade a player

su orgullo en lo que era, de donde era, en su origen, en su idioma, en su patrimonio, en su gente. Como hombre negro que vivió en la década de los 60, Clemente vio cosas que estaban mal y se manifestó contra ellas. Vio un juego en el cual los latinos estaban haciendo contribuciones inmensas con poca fanfarria. Preguntaba: ¿Por qué nunca se escribía sobre ellos en los periódicos como se escribía sobre los jugadores norteamericanos? ¿Por qué eran objeto de burla por la forma como hablaban y eran pasados por alto por lo que hacían? Clemente no era estoico ni humilde como el ideal del jugador norteamericano que se tenía hasta entonces. Si pensaba algo, lo decía. Si se le preguntaba qué le pasaba cuando no se sentía bien, lo decía. En una cultura donde esconder una lesión se consideraba admirable, la naturaleza abierta de Clemente era vista como debilidad. Se le llamó simulador, falsario y cosas peores.

Entretanto, su grandeza —el talento que produjo 3,000 batazos, 12 Guantes de Oro, dos campeonatos de bateo y todo galardón que un jugador pueda ganar— se medía con condiciones. Siempre era la estrella "pensativa". La estrella "con problemas". La estrella "enojada". Aun después de sus momentos más grandiosos —la Serie Mundial de 1971, en la cual condujo a los Piratas hacia la victoria como Jugador Más Valioso de la Serie— sus capacidades de liderazgo y su grandeza todavía se cuestionaban. El último día de la temporada de 1972, Clemente bateó su hit

ESPERAN EL TURNO
Estos jugadores dominicanos,
candidatos a los Marineros de
Seattle, observan un juego de fogeo
bajo las graderías de un parque
pequeño en las afueras de la capital.

1993 • SANTO DOMINGO, THE DOMINICAN REPUBLIC

They Wait Their Turn

Dominican pitching prospects
for the Seattle Mariners watch
a scrimmage game from
underneath the bleachers of a
small park outside the capital.

número 3000 y abandonó el campo con la seguridad de que sería admitido en el Salón de la Fama. No viviría para ver ese momento. Se mató la víspera de Año Nuevo cuando el pequeño avión en que viajaba a Nicaragua llevando suministros a las víctimas de un terremoto cayó en el mar cerca a San Juan, Puerto Rico. Se convirtió en un héroe en Estados Unidos después de su muerte, como no lo pudo ser en vida. En realidad, sus amigos dicen que se convirtió en una leyenda, la primera verdadera leyenda del béisbol latino.

Entre 1947 y 1980, la presencia de cientos de jugadores latinos en el juego fue común. Sin embargo, nunca se quitaron el calificativo de foráneos. Nunca se quitaron la idea de que estaban muy lejos de llegar a la meta. En términos beisboleros, uno puede estar lejos de la meta aunque esté en el juego. Pero nunca se puede ganar. Incluso en un duelo sin carreras entre lanzadores, alguien tiene que llegar a la meta para ganar. Y en la década de los 80, abrirle las puertas a los latinos todavía

can win—was always measured with caveats. He was always the "brooding" star. The "troubled" star. The "angry" star. Even after his greatest moments—the 1971 World Series where he led his Pirates to victory as series MVP—his leadership ability and greatness were still open to debate. Then on the last day of the 1972 season, Clemente got his 3,000th hit and walked off the field, certain he was headed to the Hall of Fame. He never lived to see that day. On New Year's Eve, riding in a small plane rushing relief supplies to earthquake-ravaged Nicaragua, Clemente was killed when his aircraft crashed into the ocean near San Juan, Puerto Rico. In the aftermath of his death, he became a hero in America in a way that eluded him in life. In fact, his friends say he only became a legend after his death—the first true legend of Latino baseball.

Between 1947 and 1980, hundreds of Latino players became fixtures in the game. But somehow they never shook the label of being outsiders. They never got past the fact that they were so far from home. In baseball terms, you can be far from home while still being in the game. But you can never win. Even in a scoreless pitchers' duel, someone has to come home eventually to score. And into the 1980s, that homecoming for Latinos was still unrealized. Clemente dying in 1972 was a horrible blow. At around the same time, Zoilo Versalles was fading out of baseball, unrecognized for the wonderful things he did. In 1965, Versalles achieved a first in baseball history: he was the first Latino player to win the Most Valuable Player award. He did it as a free-wheeling shortstop for the Minnesota Twins, a team that came within an eyelash of winning the World Series, thanks to Versalles. Yet Versalles was hardly recognized for his accomplishment; it was barely mentioned in the papers.

Up until that point, the presence of Latino players wasn't important enough to recognize such things. So Versalles kept playing as an undeclared pioneer. By the early 1970s, his talents eroding, Versalles drifted out of baseball. There was no place for his hard-ass personality. When his money ran low, he sold his MVP trophy and World Series ring to make ends meet. He took odd jobs as a janitor, a candy-maker

no era realidad. La muerte de Clemente en 1972 fue un duro golpe. Por la misma época, Zoilo Versalles estaba desapareciendo del béisbol, sin ser reconocido por las cosas maravillosas que había hecho. En 1965, logró algo por primera vez en la historia del béisbol: ser el primer jugador latino en ganar el premio al Jugador Más Valioso, como paracortos heterodoxo de los Mellizos de Minnesota, que casi ganan por un pelo la Serie Mundial gracias a Versalles. Sin embargo, casi no se le reconocen sus logros; apenas se mencionaron en los periódicos.

Hasta entonces, la presencia de jugadores latinos no era lo suficientemente importante para reconocer esas cosas. Así pues, Versalles siguió jugando como pionero no declarado. A comienzos de la década de los años 70, con su talento ya gastado, se retiró del béisbol. No había lugar para su recia personalidad. Cuando se vio corto de dinero y para poder subsistir, vendió su trofeo de Jugador Más Valioso y su anillo de la Serie Mundial. Hizo trabajitos como celador, fabricante de dulces y armador de cajas de cartón. Hasta su muerte, acaecida en 1995, fue un hombre solitario y un extraño en el juego donde había hecho historia.

Casi a la misma vez que Versalles era elogiado, Miguel Tejada daba sus primeros pasos como profesional en una liga para novatos en Medford, Oregon. Tenía 18 años y era un paracortos —la misma posición de Versalles— en ciernes. En 1995, el juego que Versalles había conocido estaba cambiando indudablemente, aunque no del todo todavía. Pero una revolución se estaba creando silenciosamente.

Con la llegada de la agencia libre en 1976, los equipos de béisbol empezaron a buscar alternativas a los elevados salarios y bonos pagados a la firma de un contrato. Lo que hizo el béisbol fue empezar a explotar una fuente vieja: América Latina. Los Dodgers de los Ángeles, seguidos de otros equipos, empezaron a establecer academias, a las cuales atraían talentos por una bicoca. A finales de la década de los 80 y a comienzos de la de los 90, los latinos empezaron a acaparar los premios Guantes de Oro por su excelencia en el fildeo, mientras que otros entraban a formar parte de los equipos de estrellas. George Bell, oriundo de República Dominicana y de la plantilla de los Blue Jays de Toronto, ganó el premio al Jugador Más Valioso de la Liga Americana en 1987. José Canseco, nacido en Cuba y criado en Estados Unidos, lo ganó en 1988. En 1991, Sammy Sosa jugó su primera temporada larga con los Cachorros de Chicago, bateando un insignificante .203 con 10 jonrones. En ese entonces era un bateador de bolas malas, un pirata que seguía la tradición de los dominicanos de tratar de batear un jonrón cada vez. Jugar así es lo que lo hace notar a uno, y hacerse notar es lo que lo saca a uno de la isla. En 1993, Juan González, oriundo de Puerto Rico y de la plantilla de los Rangers de Texas, bateó jonrones

and a cardboard box assembler. Until his dying day in 1995, he was a lonely man and an outsider in the game where he had made history.

At around the same time Versalles was being eulogized, Miguel Tejada was taking his first steps as a professional, playing in a rookie league in Medford, Oregon. He was only 18 and a budding shortstop, the same position as Versalles. The game was definitely changing in 1995 from the one Versalles had always known, though it hadn't completely changed. Not yet. But a revolution was quietly growing.

With the advent of free agency in 1976, baseball teams began looking for alternatives to skyrocketing salaries and signing bonuses. What baseball did was to start effectively mining an old resource—Latin America. First the Los Angeles Dodgers and then other teams began building their academies, drawing top talent for a bargain. By the late 1980s and into the early 1990s, Latinos began to take over the Gold Glove awards for fielding excellence while more and more Latinos cracked the All-Star team. George Bell of the Dominican Republic and the Toronto Blue Jays won the MVP award of the American League in 1987. Cuban-born, American-raised Jose Canseco won it in 1988. In 1991, Sammy Sosa played his first extended season with the Chicago Cubs, hitting a paltry .203 with 10 home runs. He was a free swinger back then, a hacker in the Dominican tradition of shooting for a home run every time. Playing that way is what got you noticed, and getting noticed got you off the island.

He's Arrived

A season-ending injury to the Athletics shortstop José Bautista forced the Athletics to bring Miguel Tejada up from Double-A Huntsville to finish the season in Oakland.

1997 • LOS ANGELES, CALIFORNIA

By 1993, Juan Gonzalez, of Puerto Rico and the Texas Rangers, was hitting home runs in bunches. Rafael Palmeiro, Cuban-born and also of the Rangers, was igniting a stellar career. And Ivan "Pudge" Rodriguez, another of the Latino Texas Rangers and from Puerto Rico, was building a career that would make him the best catcher in the game. Momentum was building.

Then came 1997, a watershed year. Fifteen Latinos were selected to MLB's All-Star game, a contest where they stole the show. The winning pitcher was Jose Rosado, a Puerto Rican of the Kansas City Royals. The save went to Panamanian Mariano Rivera, who has distinguished himself in the New York Yankees' dominance of recent

Una lesión que puso fin a la temporada de José Bautista, paracortos de los Atléticos, forzó al equipo a traer a Miguel Tejada del equipo Double-A Huntsville para que terminara la temporada en Oakland.

por montones. Rafael Palmeiro, nacido en Cuba y también de la plantilla de los Rangers, iniciaba una carrera estelar. Iván "Pudge" Rodríguez, otro jugador de los Rangers de Texas y también de Puerto Rico, desarrollaba una carrera que lo convertiría en el mejor receptor del juego. Las cosas estaban cobrando velocidad.

Luego llegó 1997, un año decisivo. Quince latinos fueron seleccionados para el Juego de las Estrellas de las Grandes Ligas, en el cual se robaron el espectáculo. El lanzador ganador fue José Rosado, un puertorriqueño que juega con los Reales de Kansas City. El salvamento le correspondió al panameño Mariano Rivera, que se destacó en el dominio que ejercieron los Yankees de Nueva York en la reciente Serie Mundial. Los únicos jonrones fueron de puertorriqueños: Javy López, de los Bravos de Atlanta, Edgar Martínez, de los Marineros de Seattle, y Sandy Alomar Jr., de los Indios de Cleveland.

Ah, y Alomar fue también el Jugador Más Valioso del partido.

El ritmo latino de salsa continuó todo el año. Pedro Martínez, oriundo de República Dominicana y de la plantilla de los Expos de Montreal, ganó el premio Cy Young de la Liga Nacional y firmó con los Medias Rojas de Boston el contrato más lucrativo de entonces: $12 millones

1997 • BANI, THE DOMINICAN REPUBLIC

Homecoming

Miguel's barrio welcomes him home after the 1997 season, his first in the majors.

al año. En octubre, Edgar Rentería empujó la carrera ganadora en el partido decisivo, llevando a los Marlins de Florida al campeonato. ¿El Jugador Más Valioso de la serie? Liván Hernández, de Cuba. Ese invierno, mientras la Serie Mundial estaba todavía fresca en la memoria, el medio hermano de Liván, Orlando "el Duque", desertó de Cuba y firmó un contrato a varios años con los Yankees de Nueva York. A la prensa le fascinó eso.

En 1998, la revolución estaba completa y Sammy Sosa empezó a golpear jonrones a una velocidad récord. Las estrellas estaban por doquier: Rey Ordoñez, un ostentoso cubano que hacía milagros como paracortos con los Mets de Nueva York; Alex Rodríguez, nacido

World Series. The only home runs were hit by Puerto Ricans—Javy Lopez of the Atlanta Braves, Edgar Martinez of the Seattle Mariners and Sandy Alomar Jr. of the Cleveland Indians.

Oh, and Alomar was also the MVP of the game.

The Latino salsa beat continued through the year. Pedro Martinez of the Dominican Republic and the Montreal Expos won the Cy Young Award in the National League and went on to sign the most lucrative contract in baseball at that time: $12 million a year with the Boston Red Sox. In October, Edgar Renteria drove in the winning run, in the decisive game, spiriting his Florida Marlins to a championship. The MVP of the series? Livan Hernandez of Cuba. That winter, while the

World Series was still a fresh memory, Livan Hernandez' half-brother Orlando—"el Duque"—defected from Cuba and signed a multi-year deal with the New York Yankees. The media ate it up.

By 1998, the revolution was complete, and Sammy Sosa began launching his homeruns at a record pace. The stars were everywhere: Rey Ordoñez, the flashy Cuban performing miracles at shortstop for the New York Mets; Alex Rodriguez, U.S.-born but with Dominican ancestry, piling up huge numbers for the Seattle Mariners and who later signed the richest contract in sports history with the Texas Rangers at an annual salary of $25 million; and American-born Nomar Garciaparra of the Boston Red Sox and Eric Chavez of the Oakland Athletics. By the end of '98, Sosa was the MVP of the National League and Juan Gonzalez the top player of the American League. For the first time in history, Latino players had swept both awards. And it was more of the same in 1999. Nine of the top 10 batters in the American League were Latino. And eight of the 12 players selected to AP's All-Star team were Latino as well. Sosa hit another 66 home runs, and Mariano Rivera was the World Series MVP for the New York Yankees.

But here's a question for baseball trivia buffs: who was the greatest American-born Latino hitter of all time? The answer is none other than the late Ted Williams. That's right, the Splendid Splinter was the son of a Mexican-born mother who raised Ted in San Diego. May Williams, who married Ted's English-Welsh father, was a devoted

en Estados Unidos de padres dominicanos, acumulaba cifras para los Marineros de Seattle y después firmaría el contrato más lucrativo en la historia de los deportes —$25 millones anuales— con los Rangers de Texas; Nomar Garciaparra, nacido en Estados Unidos e integrante de los Medias Rojas de Boston; y Eric Chavez de los Atléticos de Oakland. Para finales del 98, Sosa fue el Jugador Más Valioso de la Liga Nacional, y Juan González, el jugador más destacado de la Liga Americana. Por primera vez en la historia, los jugadores latinos habían barrido con los dos premios. Y en 1999 hubo más de lo mismo. Nueve de los 10 bateadores de la Liga Americana fueron latinos, como lo fueron también ocho de los 12 jugadores seleccionados para el Juego de las Estrellas de la Associated Press. Sosa bateó otros 66 jonrones, y Mariano Rivera, de los Yankees de Nueva York, fue el Jugador Más Valioso de la Serie Mundial.

Pero aquí va una pregunta para los que les gustan las trivialidades del béisbol: ¿Quién fue el bateador latino nacido en Estados Unidos más grande de todos los tiempos? La respuesta no es otra que el fallecido Ted Williams. En verdad, el Splendid Splinter era hijo de una madre nacida en México, May Williams, que lo crió en San Diego. Casada con el padre de Ted, de origen inglés y galés, era miembro ferviente del Ejército de Salvación y atendía a los pobres en ambos lados de la frontera de Estados Unidos y México. ¿Su apodo?

El Ángel de Tijuana. Williams estaba orgulloso de ella, pero nunca se identificó completamente con sus raíces mexicanas, lo que complicó su concepto de "hogar".

Entretanto, el mexicano Vinny Castilla, que juega con los Bravos de Atlanta, se convertía discretamente en el jugador de tercera base más peligroso de todos los tiempos. Castilla estaba siguiendo los pasos del gran Fernando Valenzuela, que electrizó al béisbol en 1981 como lanzador de los Dodgers de Los Ángeles. Oriundo del estado mexicano de Sonora, dio por sentado lo que pretendía demostrar al preguntar: ¿Por qué no hay más jugadores mexicanos en las grandes ligas? La respuesta se halla en las luchas políticas y culturales entre estos dos "vecinos distantes", Estados Unidos y México. Dicho sencillamente, México se enorgullece de sus propias ligas y tiene un acuerdo con las grandes ligas que dice así: ¿Ustedes quieren nuestros jugadores? Cómprenles los contratos a los precios del mercado.

Pero algo más significativo estaba sucediendo, algo que héroes como Clemente sólo habían soñado: la aceptación de los jugadores latinos. Alex Rodríguez, Pedro Martínez y Sammy Sosa son lanzadores de corporaciones que aparecen en televisión y en revistas populares. Son adorados en sus ciudades y codiciados por una prensa que ahora califica de estrellas a los jugadores latinos.

Ha sido un camino largo desde que los pioneros latinos pisaron los diamantes del béisbol norteamericano.

soldier in the Salvation Army. She ministered to the poor on both sides of the U.S.-Mexico border. Her nickname? The Angel of Tijuana. Williams was proud of his mom but he never completely connected with his Mexican roots, a fact that certainly complicated his meaning of "home."

Meanwhile, Mexican Vinny Castilla, now with the Atlanta Braves, was quietly becoming one of the most dangerous third basemen of all time. Castilla was following in the footsteps of the great Fernando Valenzuela, who electrified baseball in 1981 as a pitcher for the Los Angeles Dodgers. A native of the Mexican state of Sonora, Valenzuela begged the question—Why aren't there more players from Mexico in the big leagues? The answer lies in the political and cultural struggles between these "distant neighbors," the United States and Mexico; but, simply stated, Mexico prides itself on its own leagues and has an agreement with the big leagues that goes like this: You want our players? You buy out their contracts at fair market value.

But something even more significant was happening, something heroes like Clemente had only dreamed of—acceptance for Latino players. Alex Rodriguez, Pedro Martinez and Sammy Sosa are all corporate pitch men seen on television and in popular magazines. These men are adored in their cities and sought after by a press now branding Latino players with new labels like superstar.

It's been a long road since the first Latino pioneers set foot on

World Series Rings

The great Ted Williams never owned a championship ring, but Mario Clime, trainer at the Oakland A's baseball academy, owns three. The A's passed out rings to all employees when it reached three straight series from 1988 to 1990. Such is fate in baseball.

1993 • SANTO DOMINGO, DOMINICAN REPUBLIC

El gran Ted Williams nunca tuvo un anillo de campeonato, pero Mario Clime, entrenador de la academia de béisbol de los Atléticos de Oakland, tiene tres. Los Atléticos les dieron anillos a todos los empleados cuando ganaron tres series seguidas, entre 1988 y 1990. Ese es el destino en el béisbol.

American baseball diamonds. But as baseball enters the next century, it's clear that it does so in a golden age of Latino players—Spanish-speaking men transforming the game just as African-American players did in the 1950s. That infusion of talent and passion was badly needed after the World Series was canceled in 1994. Following the strike, fans were uninspired and stayed away. It took heart and love to bring them back, the driving forces of baseball's Latino stars. Because of them, it's a new game today, a game of joy and rhythm where stars have seen adversity long before they ever reached America.

After all these years, the Latino stars have finally been welcomed into our home.

Pero ahora que el béisbol entra al siglo siguiente, es claro que lo hace en una era de oro de jugadores latinos, hombres de habla hispana que están transformando el juego, como lo hicieron jugadores afroamericanos en la década de los 50. Esa inyección de talento y pasión se necesitaba desesperadamente después de que, en 1994, la Serie Mundial se cancelara por primera vez en la historia. Después de la huelga, los fanáticos mostraron poco interés y no asistieron a los estadios. Se necesitó corazón y amor para que regresaran, pues eran la fuerza motriz de las estrellas latinas del béisbol. Gracias a ellos, es un nuevo juego hoy, un juego de alegría y ritmo en el cual las estrellas vieron adversidad mucho antes de llegar a Estados Unidos.

Después de todos esos años, a las estrellas latinas se les ha dado la bienvenida finalmente a nuestro país.

Baseball is in our blood

Llevamos el béisbol en la sangre

Play at First

1993 • SAN PEDRO DE MACORIS, THE DOMINICAN REPUBLIC

San Pedro de Macoris is the heart of baseball's Spanish-speaking world—the hometown of hero Sammy Sosa, 1987 American League Most Valuable Player George Bell, perennial gold glover Tony Fernandez, 1970s All-Star Rico Carty and many, many great major league players. Ask a local why San Pedro is a veritable fountain of talent, even the "city of shortstops," and the answer will always come back the same: "Baseball is in our blood."

A PRIMERA BASE

San Pedro de Macorís es el corazón del mundo de habla hispana que juega béisbol. Es el pueblo del héroe Sammy Sosa; de George Bell, el Jugador Más Valioso de la Liga Americana en 1987; de Tony Fernández, ganador perenne de Guantes de Oro; de Rico Carty, que fuera parte del Equipo de las Estrellas de la década de los 70; y de muchos más jugadores de grandes ligas. Si se le pregunta a uno de los habitantes por qué San Pedro es una verdadera fuente de talento, incluso "la ciudad de los paracortos", la respuesta será siempre la misma: "Llevamos el béisbol en la sangre".

Opening Day

1996 • BANI,
THE DOMINICAN REPUBLIC

Little league players ready themselves for a
tournament by parading onto the baseball
diamond with the Dominican flag. The ballparks in
the Dominican, no matter how remote the town,
are the focal point of civic pride and interest across
an island about half the size of South Carolina. For
this game, all of Bani—a small town south of the
Dominican capital—turned out to indulge in the
national passion of baseball.

COMIENZA LA TEMPORADA

Estos jugadores de ligas menores desfilan por el
diamante con la bandera dominicana antes de dar
comienzo a un torneo. Los campos de béisbol de
República Dominicana, sin importar lo remoto que
sea el pueblo, son motivo de orgullo cívico e
interés. La isla es la mitad del tamaño de Carolina
del Sur. Para este juego, todo Baní —un pueblo
pequeño al sur de la capital, Santo Domingo—
vino a disfrutar de esa pasión nacional que es el
béisbol.

Fresh Wash

Outside Tetelo Vargas Stadium, Juan Viguera hangs newly washed home uniforms on a chain-link fence to dry before a game. The familiar colors belong to the Atlanta Braves, one of 30 Major League teams locked in a pitched battle for talent in Latin America. Major League clubs conduct a summer league every year where the best talent from each team wins a coveted trip to the U.S. and the minor leagues. The conditions in the Dominican Summer League are far from glamorous, but the talent is rich.

UNIFORMES LIMPIOS

Afuera del estadio Tetelo Vargas, Juan Viguera cuelga en una cerca los uniformes de los Bravos de Atlanta, que fueron lavados antes de un juego. Los Bravos son uno de los 30 equipos de las Grandes Ligas que libran una fiera batalla por adquirir talento en América Latina. Los equipos de las Ligas Mayores organizan una liga de verano cada año, donde los mejores de cada equipo ganan un codiciado viaje a Estados Unidos y a las ligas menores. Las condiciones de la liga distan de ser atrayentes, pero el talento es abundante.

Pitching Prospects

1996 • LA VICTORIA,
THE DOMINICAN REPUBLIC

Under conditions reminiscent of a military camp, aspiring ball players are drilled in fundamentals six hours a day, six days a week at the Oakland Athletics baseball academy outside the small village of La Victoria. Major League teams began building the academies after realizing that many Latin prospects were being undone by a lack of training. Here, five pitchers wait their turn in a bunting drill where each will charge off the mound, field a bunt and fire to first base.

CANDIDATOS A LANZADORES

En la academia de béisbol de los Atléticos de Oakland, en las afueras del pueblo de La Victoria, a estos aspirantes a jugadores de béisbol se les enseñan los fundamentos durante seis días a la semana, seis horas diarias, bajo condiciones que recuerdan un cuartel militar. Los equipos de las Ligas Mayores empezaron a establecer academias después de que se dieron cuenta de que muchos jugadores latinos se estaban desperdiciando por falta de entrenamiento. Estos cinco lanzadores esperan el turno para hacer toques de pelota, durante los cuales cada uno correrá desde el montículo, interceptará y devolverá pelotas, y hará lanzamientos a primera base.

El Maestro

**1996 • *LA VICTORIA,*
*THE DOMINICAN REPUBLIC***

The art of hitting a baseball is broken down, step by step, for a prospect by Tomás Silverio, a coach for the Athletics and a former big league ball player known as "El Maestro" for his sterling play in centerfield for the California Angels in the early 1970s. A tough coach, Silverio nonetheless cares deeply about the kids in his charge.

EL MAESTRO

Tomás Silverio, un entrenador de los Atléticos y ex jugador de grandes ligas conocido como "El Maestro" por su excelente desempeño como jugador exterior central de los Ángeles de California a comienzos de la década de los 70, le explica paso a paso a un candidato el arte de batear. A pesar de ser un entrenador exigente, Silverio se preocupa sinceramente por sus pupilos.

Curve Ball

Crespo Lara, a pitching prospect for the Oakland Athletics, teaches a young friend how best to grip a baseball when attempting to throw a curve, a technique he just learned himself from the team's instructors who were trying to refine his raw talent. Many pitchers like Lara are singled out because they can throw hard. But what they soon learn is that throwing hard means little without skill. Lara was later released after several bad outings.

BOLA CURVA

Crespo Lara, un candidato a lanzador de los Atléticos de Oakland, le enseña a un amigo cómo agarrar la pelota para que haga una curva al ser lanzada, técnica que acabó de aprender con los instructores del equipo que trataban de pulir su talento. Muchos lanzadores como él son seleccionados porque pueden lanzar con fuerza. Pero pronto se dan cuenta de que ello no significa nada si no se tiene habilidad. Lara fue sacado después de hacer varias jugadas malas.

The Dream

1993 • SANTO DOMINGO, THE DOMINICAN REPUBLIC

In a filthy, graffiti-marked dugout, a San Diego Padres prospect sits on a cooler surrounded by discarded Dixie cups used by thirsty players in a game. This player never worked up a thirst because he never got up to bat.

EL SUEÑO

En un banquillo sucio y lleno de graffiti, un candidato a los Padres de San Diego se sienta en una nevera, rodeado de vasos de papel que usaron jugadores sedientos durante un juego y que tiraron al piso. A este jugador nunca le dio sed porque no bateó.

El Play

1996 • BANI, THE DOMINICAN REPUBLIC

An outfielder hurls a ball homeward while two donkeys graze behind him, seemingly oblivious to the action on the field. This game was being played on a Sunday morning, in a barrio known as Los Barrancones. Locals say it means: "A very difficult place to escape." In this particular game, three umpires were ejected for making calls that were unpopular with fans.

EL PLAY

Un jardinero lanza una pelota a la tercera base mientras dos asnos pastean a sus espaldas, aparentemente indiferentes a lo que pasa en el campo de juego. El partido se llevó a cabo un domingo por la mañana en un barrio conocido como Los Barrancones de donde, según sus habitantes, es difícil escapar. En este juego, tres árbitros fueron expulsados por decisiones que no fueron del agrado de los espectadores.

El Capotillo Barrio

Victor Uceta, a former pitching prospect with the Oakland Athletics, steps over a puddle of foul-smelling raw sewage on his way home from practice. Uceta grew up in one of the worst barrios in the Dominican Republic, a violent, impoverished section of the city known as El Capotillo. While drugs and violence were rampant in the streets around him, Uceta stayed away from trouble by focusing on his pitching and on making the Athletics. His dream fell short and today he still lives in his old barrio.

Camino a casa después de un entrenamiento, Victor Uceta, un ex candidato a lanzador de los Atléticos de Oakland, pasa por encima de aguas residuales y fétidas. Uceta se crió en El Capotillo, uno de los peores barrios de República Dominicana, donde la violencia, la pobreza y las drogas son comunes. A pesar de ello, se mantuvo alejado de los problemas y prefirió dedicarse a lanzar y a tratar de jugar con los Atléticos. Su sueño se truncó y aún vive en su viejo barrio.

Family

1996 • BANI,
THE DOMINICAN REPUBLIC

Miguel Tejada poses with his grandmother Norinda Muñoz in the tiny shack the Tejadas lived in before Miguel reached the big leagues. Norinda has no education but she knows baseball and knew from the time Miguel was small that he was destined for great things. At this point in Miguel's life, there were no guarantees that he would fulfill his promise.

TODO EN FAMILIA

Miguel Tejada posa con su abuela, Norinda Muñoz, en la pequeña casucha donde los Tejada vivieron antes de que el jugador llegara a las grandes ligas. Norinda no estudió, pero sabe de béisbol y sabía desde que Miguel estaba pequeño que estaba destinado para la grandeza. Durante la niñez de Miguel nada garantizaba que esa esperanza se hiciera realidad.

Like his Brother

1997 • BANI,
THE DOMINICAN REPUBLIC

This young man has a reason to smile. His older brother is Miguel Tejada, shortstop with the Oakland Athletics. Here, Ronnie Tejada stands in the home he shared with his family, a home where rooms are separated by stained bed sheets. Ronnie plays baseball day and night. "Someday," he tells himself, "I will be like Miguel."

COMO SU HERMANO

Ronnie Tejada tiene razón para sonreír. Su hermano mayor es Miguel Tejada, paracortos de los Atléticos de Oakland. Ronnie aparece aquí en la casa donde vivía con su familia. Los cuartos de la vivienda están separados por sábanas manchadas. Ronnie, que juega béisbol día y noche, se dice a sí mismo: "Algún día seré como Miguel".

Humble Beginnings

After returning from a triumphant trip to Mexico, where he and the rest of the Dominican's national baseball team won the Caribbean World Series, Miguel Tejada pushes past two towels hanging in the backyard where he had showered with a garden hose. Miguel grew up in such conditions; in fact, he was homeless for a time as a child. These experiences would propel him forward in his baseball career. Combined with his natural talent, Miguel's hunger is what makes him a special ballplayer.

COMIENZOS HUMILDES

Miguel Tejada separa dos toallas después de ducharse con una manguera de jardín en el patio. Ha regresado de un viaje triunfal a México, donde la selección dominicana ganó la Serie Mundial del Caribe. Miguel se crió en condiciones precarias y durante niño vivió en la calle por un tiempo. Estas experiencias lo motivarían en su carrera de beisbolista. Sus anhelos, junto con su talento natural, lo hacen un beisbolista especial.

In Memoriam

The Tejada family held a mass at home to honor Mora Tejada, Miguel's mother, who died of pneumonia in 1989. Miguel was 13 at the time of his mother's death. In the photograph on the right, Miguel embraces his older sister during a service where family members weep and pray. In the one above, Chicki Mejia leads a group of singers performing a traditional folk song whose roots are African. Friends and family press their way into the Tejada home, chanting and praying for Mora's memory while asking the Almighty to help Miguel in his Major League quest.

IN MEMORIAM

La familia Tejada celebra una misa en honor de Mora Tejada, la madre de Miguel, que murió de neumonía en 1989, cuando él tenía 13 años. Miguel abraza a su hermana mayor durante la misa, en la cual miembros de la familia lloran y oran. Amigos y parientes se amontonan para entrar en la casa de los Tejada, mientras cantan y oran por el alma de Mora, y le piden al Todopoderoso que ayude a Miguel en su carrera en las Grandes Ligas. En la fotografía de arriba, Chicki Mejía, acompañándose de una güira, encabeza un grupo de cantantes que entonan una canción de raíces africanas.

Journey to the Major Leagues

Viaje a las grandes ligas

They Wait

1996 • *PHOENIX, ARIZONA*

The dream of traveling to the U.S. to play big league ball often involves unexpected detours for young Latino players. Here, a group of Oakland Athletics' prospects sits for two hours on a sidewalk outside the Phoenix Airport. They have flown 12 hours to Arizona from the Dominican for spring training. The Athletics have forgotten to pick their prospects up, so here they sit— many not having eaten all day. The team bus finally arrives and the players eat late that night.

LA ESPERA

Para jugadores latinos jóvenes, el sueño de viajar a Estados Unidos a jugar en grandes ligas a menudo significa tener que enfrentarse a situaciones inesperadas. Aquí, este grupo de candidatos a los Atléticos de Oakland espera en un andén del aeropuerto de Phoenix, adonde llegaron procedentes de República Dominicana para un entrenamiento de primavera, tras un vuelo de 12 horas. Los Atléticos olvidaron recogerlos, así que se sentaron a esperar. Algunos no han comido durante todo el día. El bus finalmente llegó y los jugadores comieron tarde esa noche.

Welcome to America

Miguel Tejada arrives in Arizona for his first spring training, ready for competition. Though considered the top prospect in the Athletics' chain, Tejada was acquired by the Athletics for the paltry sum of $2,000—a common signing bonus for Latino players. Management thinks that, since these players come from so much poverty, they should feel lucky to sign a contract for any amount of money. Here, Tejada shakes hands with catcher Danny Ardoin, a mid-level American prospect who signed for much more. Each Latino player must confront this reality and rise above it.

BIENVENIDO A ESTADOS UNIDOS

Miguel Tejada llega a Arizona para su primer entrenamiento de primavera, listo para competir. Aunque era considerado el candidato más importante de los Atléticos, fue contratado por la insignificante suma de $2,000, que es común para los jugadores latinos cuando firman un contrato. La administración de los equipos cree que esos jugadores deben sentirse afortunados de firmar un contrato por cualquier suma porque son pobres. Tejada saluda aquí al receptor Danny Ardoin, un candidato norteamericano de nivel medio que firmó un contrato por mucho más dinero. Todo jugador latino debe hacer frente a esta realidad y superarla.

Center of Attention

1996 • SCOTTSDALE, ARIZONA

After hitting a home run in his first game against Major League pitching, Miguel Tejada's life was never the same. From that point on, it was clear he had set himself apart from the group of prospects he started with in the Athletics' organization in 1993. Back then, no one expected Tejada to be the hot prospect. But by spring of 1996, especially after that memorable rookie homer, Tejada had served notice that he was someone special.

CENTRO DE ATENCIÓN

Después de batear un jonrón en su primer juego contra lanzadores de las Grandes Ligas, la vida de Miguel Tejada nunca fue la misma. A partir de ahí fue claro que era diferente del grupo de candidatos que empezó con los Atléticos en 1993, cuando nadie esperaba que fuera el más importante. Pero después de 1996, especialmente tras ese memorable cuadrangular de novato, había dejado ver que era alguien especial.

Homesick

1996 • SCOTTSDALE, ARIZONA

A stranger in a strange land, rookie prospect Mario Encarnación seems lost in thought in a moment of solitude on his first full day in America. A big, athletic kid, Encarnación was considered a can't-miss major league prospect by the Oakland Athletics. But before he could realize that potential, Encarnación struggled mightily with homesick-ness—he missed his mother. Never having known his father, Mario was the man of the family at 18. He carried that burden, but it sometimes weighed on him heavily.

NOSTALGIA POR EL HOGAR

Sintiéndose extraño en una tierra extraña, el candidato Mario Encarnación parece absorto en sus pensamientos durante un momento de soledad en su primer día en Estados Unidos. Los Atléticos de Oakland consideraban a Encarnación, un muchacho alto y atlético, un candidato seguro a las grandes ligas. Pero antes de alcanzar su potencial, le costó mucho superar la nostalgia que sentía por el hogar y su madre. A falta de un padre que no conoció, Mario se puso al frente de su familia a los 18 años, carga que a veces le pesaba mucho.

Haircut

1996 • SCOTTSDALE, ARIZONA

Mario Encarnación (left) gets a haircut from fellow prospect Freddie Soriano in the hotel room they share with two others. They save money, and afterwards they will sport the new, shaved-head style popular among American teenagers and athletes.

CORTE DE PELO

Mario Encarnación (izq.) es peluqueado por Freddie Soriano en el hotel donde ambos se quedan con dos jugadores más. Así ahorran dinero, y lucen un nuevo corte "al rape" que es popular entre jóvenes y atletas norteamericanos.

Julio Franco

1996 • SCOTTSDALE, ARIZONA

At the minor league level, players must get used to sharing rooms—often three or four to one room. Only big leaguers get their own rooms. Still a long way from the big leagues in 1996, Mario Encarnación is left to dream about the day he can stretch out in his own suite. Here, he imitates someone who has made it: Julio Franco, the hot-hitting Dominican who won a batting title as a member of the Texas Rangers in the early 1990s—and made a fortune.

A nivel de ligas menores, los jugadores tienen que acostumbrarse a compartir el cuarto con otros, a menudo con cuatro o cinco. Sólo los jugadores de grandes ligas tienen uno propio. Es 1996, y aunque Mario Encarnación está lejos de llegar a las grandes ligas, sólo le queda soñar con el día en que pueda tirarse a sus anchas en su propio cuarto. Aquí imita a alguien que ha triunfado: Julio Franco, el destacado bateador dominicano que ganó un título de bateo con los Rangers de Texas a comienzos de la década de los 90 y ganó una fortuna.

Losing Hope

Arturo Paulino, a Dominican prospect for the Oakland Athletics, was having a difficult time in the Spring of 1996. Once a highly touted young player, he struggled to adjust to minor league pitching. A star in the Dominican, he would go through stretches in the U.S. where he couldn't buy a hit. And soon, his hitting woes began to affect his fielding. It wasn't long before his mood matched the steel-gray cold of Western Michigan in April, the place where Paulino saw his baseball dreams begin to unravel.

LA ESPERANZA SE PIERDE

Arturo Paulino, un dominicano que era candidato a los Atléticos de Oakland, tuvo dificultades en la primavera de 1996. Joven jugador muy solicitado en el pasado, luchó para ajustarse al estilo de lanzamiento de ligas menores. Estrella en República Dominicana, en Estados Unidos tendría momentos en que no batearía. Muy pronto, su bateo afectaría su fildeo. No pasaría mucho tiempo antes de su humor se tornaba tan gris como los días fríos de abril de Michigan, donde sus sueños beisboleros comenzaron a desvanecerse.

Cultural Borders

1996 • GRAND RAPIDS, MICHIGAN

The distance on this bench between American and Latino players is no accident. From the paltry amounts of money they receive compared to American players to diverging tastes in music, from different languages to different cultures, the dynamics on the 1996 West Michigan Whitecaps are emblematic of the schisms that exist between American and Latino players. All competing for spots in the big leagues, players of different cultures stick to their own group in a form of self-segregation that never quite disappears.

BARRERAS CULTURALES

La distancia que hay en esta banca entre jugadores norteamericanos y latinos no es accidental. La dinámica de los Whitecaps de West Michigan es simbólica de las divisiones que hay entre jugadores norteamericanos y latinos: las sumas de dinero que los latinos reciben son insignificantes en comparación con las que reciben los norteamericanos, como también hay diferencias en los gustos musicales, en los idiomas y en las culturas. Todos compiten por posiciones en las grandes ligas y buscan a los de su propia cultura. El aislamiento no desaparece del todo.

#1 Prospect

If there was one thing Miguel Tejada felt in the spring of 1996, it was confidence. After attracting loads of attention in Spring Training, he won a spot on the Modesto Athletics in the tough California League. In his first game, he stole home, thrilling fans with his enormous talent. By mid-season, he is a star on the team. Somewhere in the stands, a father whispers to his son, "Watch that guy, he's going to be a major leaguer."

Si hay algo que Miguel Tejada sintió en la primavera de 1996 fue confianza. Después de llamar poderosamente la atención durante el Entrenamiento de Primavera, ganó una posición en los Atléticos de Modesto, de la difícil liga de California. En su primer juego se robó una base y llegó a la meta, entusiasmando a los fanáticos con su enorme talento. A mediados de temporada ya es la estrella del equipo. En las graderías, un padre le dice a su hijo al oído: —echale ojo a ese tipo, va a jugar en las grandes ligas—.

Holding Court

Miguel Tejada's success translated into clout. One of the youngest of his group, Tejada was nonetheless a leader among his peers. In Modesto, all the other Latinos on Tejada's team gather around his locker. They laugh at his jokes, listen to his stories and generally do what he wants. One day they will proudly say they played with him.

El éxito de Miguel Tejada se transformó en influencia. A pesar de ser uno de los más jóvenes del equipo, Miguel era el líder de sus compañeros. En Modesto, los otros latinos de su equipo se reúnen frente a su vestidor. Ríen de sus chistes, escuchan sus cuentos y a menudo hacen lo que él quiere. Algún día dirán orgullosamente que jugaron con él.

Foreigner

In the minor leagues there is another side to being a leader among Latino players. In the case of Miguel Tejada, it must have felt like being invisible to his American teammates. To them he was just another foreigner. He was respected for his talent, but he wasn't one of the guys. Here, moments after holding court with Latino players, he is barely noticed by two of his American teammates.

EXTRANJERO

En las ligas menores, ser el líder de los jugadores latinos tiene otro aspecto. En el caso de Miguel Tejada, era como sentirse invisible para sus compañeros de equipo norteamericanos. Para ellos, era sólo otro extranjero. Era respetado por su talento, pero no era uno de ellos. Aquí, después de haberse reunido con los jugadores latinos, sus compañeros de equipo apenas reparan en él.

The Wash

To save money, minor league players are often housed with local residents who rent them rooms at a cut rate. For Miguel Tejada, playing in a quintessential California farm town like Modesto, that meant living in the home of an alfalfa farmer who lived in a bungalow, surrounded by agricultural fields, in a rural region a good distance from the nearest town. While his host was at work, Tejada would watch TV until it was time to go to the ballpark. Here, he tries to figure out an American washing machine.

LA LAVANDERÍA

Para ahorrar dinero, los jugadores de ligas menores a menudo son enviados a vivir con residentes de la localidad que les alquilan dormitorios a precios reducidos. Para Miguel Tejada, jugar en Modesto, el pueblo californiano agrícola por excelencia, ello significó vivir en casa de un cultivador de alfalfa, rodeado de sembradíos y a una buena distancia del pueblo más cercano. Mientras su anfitrión estaba en el trabajo, Tejada veía televisión hasta que era hora de ir al estadio. Aquí trata de entender cómo funciona una lavadora.

Setback

After being named to the California League All-star team, Miguel Tejada was rolling towards a phenomenal season when he broke his left thumb in a collision with an opposing player. At first, doctors told Tejada that his mid-July injury would sideline him for the remainder of the season—a crushing blow to a hungry young man. After being fitted with a cast, Tejada was despondent, often sitting in the dark while watching television for hours at a time. During that time he wondered if he would ever reach the big leagues.

REVÉS

Después de ser nombrado para integrar el Equipo de las Estrellas de la Liga de California, Miguel Tejada se perfilaba para una temporada fenomenal cuando se rompió el pulgar izquierdo al chocar con un jugador contrario. Al principio, los doctores le dijeron que la lesión, ocurrida a mediados de julio, no le permitiría jugar durante el resto de la temporada, un revés para un joven ávido como él. Tejada se mostró desanimado después de que se le puso un yeso, y a menudo veía televisión en la oscuridad durante horas. Durante esos días se preguntaba si llegaría a las Mayores.

Imagine

With time on his hands due to injury, Tejada liked to go the Vintage Faire Mall in Modesto and imagine all the things he could buy when he became a big league ball player. He was particularly partial to cologne and skin care products he had come to like because he noticed that the big leaguers used them. But nothing captured his imagination like clothes. Minor leaguers like him wore jeans and T-shirts. Big leaguers wore tailored suits. Here, Tejada tries on what he hopes will be the accessories of his future.

PENSANDO

A Tejada, que tenía cantidades de tiempo a su disposición debido a su lesión, le gustaba ir al Vintage Faire Mall en Modesto, donde pensaba en todo lo que podría comprar cuando llegara a ser jugador de grandes ligas. Sentía especial predilección por la colonia y otros productos para la piel, porque se dio cuenta de que otros jugadores de grandes ligas los usaban. Pero nada cautivó tanto su imaginación como la ropa. Los jugadores de ligas menores como él se vestían de jeans y camisetas. Los de ligas mayores usan trajes a la medida. Aquí, Tejada prueba lo que espera lucir en el futuro.

The Ticket

As if he were a young monarch, friends of Miguel Tejada approach him in unvarnished adoration, wishing him luck before he heads off to his first Spring Training in a major league camp. The message that people conveyed to Miguel was very direct: "Don't forget about us when you reach the big time." By the end of the season, he was playing for the Oakland Athletics.

Los amigos de Miguel Tejada se le acercan expresando abierta adoración como si fuera un joven monarca y le desean suerte antes de que parta para su primer entrenamiento de primavera en un campo de ligas mayores. El mensaje que la gente le comunicó fue muy directo: —No nos olvides cuando seas famoso—. Al final de la temporada jugaba con los Atléticos de Oakland.

Poverty

Miguel is resting after a long practice session where he worked on his swing and fielding. The next day, he will get on a plane and head to Scottsdale, Arizona for Spring Training. Once in Arizona, he will have his own room in a five-star hotel and will be pampered like all big-league players. This contrast in his life is not lost on him.

POBREZA

Miguel descansa después de un entrenamiento largo en el cual práctico su swing y su fildeo. Al día siguiente abordará un avión con destino a Scottsdale, Arizona, para el Entrenamiento de Primavera. Una vez en Arizona, tendrá su propio cuarto en un hotel de cinco estrellas y será atendido como todos los jugadores de grandes ligas. Este contraste de su vida no le pasa desapercibido.

Friends

After a great year in the minors, Miguel Tejada
earned a spot on the Athletics' roster in August,
1997. Here he greets two fellow Dominicans who
have also made it—Detroit Tigers prospects Devi
Cruz (*left*), and Juan Encarnación (*right*). The three
have known each other since their first days in
professional ball and have played against one
another in the Dominican winter leagues. But there
is nothing like the feeling of standing on a big
league field, knowing you have made it.

AMIGOS

En agosto de 1997, después de un gran año en
las menores, Miguel Tejada se ganó una posición
en la plantilla de los Atléticos. Aquí saluda a dos
compatriotas dominicanos que también triunfaron,
los candidatos a los Tigres de Detroit, Devi Cruz
(*izq.*) y Juan Encarnación (*der.*). Los tres se conocen
desde sus inicios en el béisbol profesional y han
jugado en las ligas dominicanas de invierno. Pero
no hay nada como estar parado en un estadio de
grandes ligas, sabiendo que uno ha triunfado.

Grateful

Listening to the national anthem, Miguel Tejada is just as he always is—completely engaged in the moment. While others around him joke or seem distracted, Tejada appears truly grateful. As the Stars and Stripes fly above center field, Tejada savors the pageantry and tradition of major league baseball.

AGRADECIDO

Miguel Tejada es el mismo que siempre ha sido mientras escucha el himno nacional de los Estados Unidos: entregado al momento. Otros al lado suyo otros hacen chistes o parecen distraídos, pero él se muestra verdaderamente agradecido. Disfruta la pompa y la tradición del béisbol de grandes ligas, mientras la bandera de Estados Unidos ondea sobre el exterior central.

The Real Deal

A thrilling moment in time—Miguel Tejada's first big-league hit! Against heralded Japanese pitcher Hideo Nomo, Tejada lashed a line drive down the right field line. At first, it appeared to be a stand up double, but Tejada noticed that he had a chance to turn it into more. So he threw it into high gear, challenging the arm of fellow Dominican Raul Mondesi of the Los Angeles Dodgers. Here, he grits his teeth as he rounds second and barrels toward third. Safe! A triple. Miguel Tejada has arrived.

AHORA ES DE VERDAD

Un momento de emoción: ¡El primer batazo de Miguel Tejada en las mayores! Le envió al proclamado lanzador japonés Hideo Nomo un batazo de línea por la línea exterior derecha. Al principio parecía que podía llegar apenas a segunda base, pero se dio cuenta de que podía ir más lejos, así que aceleró, forzando el brazo de su compatriota dominicano Raúl Mondesi de los Dodgers de Los Ángeles. Aquí aprieta los dientes al pasar por segunda base y continuar hacia tercera. ¡Safe! Jugada triple. Miguel Tejada ha llegado.

Rookie

Oakland Athletics' hitting coach Denny Walling counsels Tejada after the rookie went hitless for a second consecutive game. Once big league pitchers realized that Tejada was a dangerous fastball hitter, they began throwing him nothing but breaking balls that tested his patience and skill. Minor league pitchers had trouble throwing breaking balls over the plate for strikes. Big league pitchers didn't, which meant big trouble for Tejada as he was kept constantly off balance by a dizzying array of pitches he had never seen before.

El entrenador de bateadores de los Atléticos, Denny Walling, le da consejos a Tejada después de que éste no conectara un batazo durante dos juegos consecutivos. Apenas los lanzadores de grandes ligas se dieron cuenta de que Tejada era un peligroso bateador de bolas rectas a todo fuego, empezaron a lanzarle bolas bajas que pusieron a prueba su paciencia y su habilidad. A los lanzadores de ligas menores se les dificultaba lanzar bolas bajas por encima del plato para lograr strikes, pero no así a los de grandes ligas, lo que fue un problema para Tejada porque una vertiginosa serie de lanzamientos que nunca había visto antes le hacía perder el equilibrio constantemente.

Going Home

At the end of his six-week stint in the majors, a weary Miguel Tejada packs his things before heading to the airport for a red-eye flight to the Dominican Republic. After a fast start, Tejada had struggled and finished with a disappointing batting average of .202. Still extremely green, Tejada also had a tough time in the field, making numerous errors. He has taken his lumps and still has much progress to make. But it is clear his talent is for real.

CAMINO A CASA

Al final de una temporada de seis semanas en las Mayores, Miguel Tejada, cansado, empaca sus pertenencias antes de partir hacia el aeropuerto para tomar un vuelo nocturno con destino a República Dominicana. Después de un inicio rápido, luchó y terminó con un desilusionador promedio de bateo de .202. Muy novato todavía, Tejada también tuvo problemas en el campo de juego y cometió numerosos errores. Recibió críticas y le falta progresar mucho. Pero es claro que tiene talento.

"¡Mi gente, mi gente!"

Miguel Tejada lives a moment of pure triumph—the homecoming of a big league ballplayer to the barrio of his youth. Dressed in expensive clothes he has bought with big-league money, Tejada is a world apart from the hardships of his neighbors. Still, he hasn't forgotten who he is or where he comes from. As he walks down his old street, with people running on either side, he raises his arms and yells, "¡Mi gente, mi gente!" My people, my people.

Miguel Tejada vive un momento de puro triunfo: la bienvenida de un jugador de grandes ligas al barrio de su juventud. Tejada, que viste ropa costosa que compró con el dinero que ganó en las grandes ligas, está separado de las privaciones de sus vecinos por un mundo de diferencia. Sin embargo, no ha olvidado quién es ni cuáles sus orígenes. Mientras camina por su vieja calle y la gente corre a ambos lados, levanta los brazos y grita: ¡Mi gente, mi gente!

The Forgotten Ones

Los olvidados

The Forgotten Ones

1996 • THE BRONX, NEW YORK

Many Latino players who have been released don't want to go back to the countries where they grew up, so they stay in the U.S. as undocumented immigrants. They find barrios where their countrymen are and where they can feel at home. They scratch out a living the best way they can. Some become citizens of this country, their new home. Here, former minor league players (*left to right*) Robert Valera, Carlos Madé and Alexi Valera pass the time on a dangerous street corner in the Bronx. All three men came to New York after being discarded by their teams.

Muchos de los jugadores latinos que han sido despedidos no quieren regresar a los países donde se criaron y se quedan como ilegales en Estados Unidos. Encuentran barrios donde viven sus paisanos y donde se pueden sentir como si estuvieran en casa. Se ganan la vida como mejor pueden. Algunos se hacen residentes legales de este país, su nuevo hogar. Aquí (*de der. a izq.*), Robert Valera, Carlos Madé y Alexi Valera, ex jugadores de ligas menores, pasan el tiempo en una peligrosa esquina en El Bronx. Los tres partieron hacia Nueva York después de ser despedidos de sus equipos.

Labor

Working from 6:30 a.m. to 11:30 p.m. six days a week, José Santana spends much of his day mopping floors, particularly in the afternoons when school kids on their way home enter the store where he works, buy sodas and invariably spill some on the floor. Santana was a prospect in the Houston Astros' organization. He showed great promise until he blew out his knee. After his rehabilitation, he was released. Despite the way his life has turned out, Santana shows no bitterness. The only time he loses patience is when locals toss their empty liquor bottles on the street. It's his job to clean them up.

TRABAJO

Gran parte del día de José Santana en esta bodega, donde trabaja de 6:30 a.m. a 11:30 p.m. seis días a la semana, está dedicado a limpiar pisos, especialmente en la tarde, cuando los niños que salen de la escuela compran gaseosas y las derraman en el piso. Santana fue candidato a los Astros de Houston, donde mostró gran talento, hasta que se lesionó una rodilla. Fue despedido después de un tratamiento médico. A pesar del giro que ha tomado su vida, no muestra amargura. Sólo pierde la paciencia es cuando la gente del barrio arroja botellas en la calle, pues debe recogerlas.

Semi-Pro

José Santana, energized by dressing in a baseball uniform, puts on his game face before his team takes the field in Brooklyn. The concession truck he is leaning against sells snacks to fans and players who come for the Pedrín Zorilla League games. Though frayed and stained, Santana cares for his uniform as if it were precious and, when dressed, he still looks like the aspiring professional he once was. Before each game, he is filled with expectations. "Maybe," he says to himself, "someone will notice me and offer me a contract."

SEMIPROFESIONAL

José Santana, lleno de vigor por vestir el uniforme de béisbol, se posesiona del papel de jugador antes de que su equipo salte al campo de juego en Brooklyn. El camión contra el que está recostado vende refrigerios a espectadores y jugadores que vienen a los juegos de la Liga Pedrín Zorilla. Aunque el uniforme está raído y manchado, Santana lo cuida como si fuera precioso y cuando lo viste, luce como el aspirante a profesional que una vez fue. Tiene expectativas antes de cada juego. —Tal vez alguien me vea y me ofrezca un contrato—, se dice.

The Game

1996 • BROOKLYN, NEW YORK

A moment of truth for all shortstops—going deep into the hole after a tough ground ball. At moments like these, Santana looks like he could attract the attention of big league teams. He still has good hands and quickness and he knows how to play the game. The stains on his pants are testament to the all-out way he plays. In fact, though unwanted by the major leagues, he is considered one of the best semipro ball players in New York.

EL JUEGO

Un momento decisivo para todos los paracortos: entregarse con todo para atrapar una difícil bola baja. En momentos como éste Santana parece que podría atraer la atención de los equipos de grandes ligas. Tiene todavía buenas manos y velocidad, y sabe cómo jugar béisbol. Las manchas del pantalón son prueba de la forma tan intensa como juega. Aunque fue rechazado por las grandes ligas, es considerado uno de los mejores jugadores de béisbol semiprofesional en Nueva York.

Slipping Away

A reflective moment, during the heat of a game, shows Santana detached from the action. At the age of 24, he is still young in years but old for a budding baseball prospect. While he wastes away in Brooklyn semipro ball, scores of 18-year-old Dominicans are being brought to the United States for the chance that passed him by. Santana tries to keep his spirits up, his hopes alive. But moments like these are never far away.

AUSENTE

Santana parece ausente del juego en este momento de reflexión. Aunque es joven en años — tiene 24—, ya es viejo para aspirar a candidato. Mientras se consume en el béisbol semiprofesional en Brooklyn, cantidades de dominicanos de 18 años son traídos para probar las oportunidades que lo eludieron. Santana trata de mantener la moral en alto y vivas sus esperanzas. Pero momentos como éste no dejan de ser comunes.

Same Game, New World

The Pedrín Zorilla League is known as one of the toughest semipro circuits in New York. Playing on a high school field where the Stars and Stripes fly alongside the Puerto Rican and Dominican flags, the style of play here is a hybrid of American baseball and Latino passion. Fans drink Dominican beer, eat rice and beans, and blast merengue and salsa between innings. An announcer calls the game in Spanish over a loudspeaker. And the game is a family affair. Here, center fielder Angelo Tejada (no relation to Miguel Tejada of the Oakland A's) watches the game with his son.

EL MISMO JUEGO, UN NUEVO MUNDO

La Liga Pedrín Zorilla tiene fama de ser una de las más competitivas entre las semiprofesionales en Nueva York. En este estadio, en un colegio de bachillerato, donde la bandera de Estados Unidos ondea junto a las de Puerto Rico y República Dominicana, el estilo de juego es un mezcla de béisbol norteamericano y pasión latina. Los espectadores toman cerveza dominicana, comen arroz con fríjoles y tocan merengue y salsa a todo volumen entre cada entrada. Un locutor transmite el juego en español por un parlante. Y el juego es algo de familia. Aquí, Angelo Tejada, jugador exterior central que no tiene parentesco con Miguel Tejada de los Atléticos de Oakland, mira el juego con su hijo.

Out

Most of the players in New York's semipro baseball leagues hold down full-time jobs, leaving little time for practice. While the games are competitive, they are often sloppy. For every brilliant play, there is a bad one. And because most of the players are former big league prospects, the quality of games reflects the near-miss lives of the players. There are flashes of brilliance, distant echoes of big league games.

La mayoría de los jugadores de las ligas semiprofesionales de béisbol en Nueva York trabaja a tiempo completo y tiene pocas oportunidades para entrenar. Aunque los juegos son competitivos, a menudo les falta pulimento. Por cada jugada buena hay una mala. Y puesto que la mayoría de los jugadores son candidatos a grandes ligas, la calidad de los juegos refleja las vidas de estos, que el triunfo ha eludido. Hay destellos de brillantez, ecos de juegos de grandes ligas.

No Reminiscing Allowed

Victor Martinez (*left*) and Luis Santos (*right*), both from the Dominican Republic, were once prospects with major league teams—Martinez with the Chicago Cubs and Santos with the Los Angeles Dodgers. They sit in Martinez' cab, drinking beer on a Friday night. They don't like to reminisce about the old days—it's too painful. They are two of the thousands of Latino players released by big league teams.

PROHIBIDO RECORDAR

Oriundos de la República Dominicana, Víctor Martínez (*izq.*) y Luis Santos (*der.*) fueron candidatos a equipos de grandes ligas: Martínez fue candidato a los Cachorros de Chicago y Santos, a los Dodgers de Los Ángeles. Aquí toman cerveza en el taxi de Martínez un viernes por la noche. No les gusta recordar los viejos tiempos porque es muy doloroso. Los dos son parte de los miles de jugadores latinos que son despedidos por equipos de grandes ligas.

Victor Uceta

1993 • *SANTO DOMINGO, THE DOMINICAN REPUBLIC*

Americans will never know Victor Uceta. Though his dreams of reaching the major leagues were as strong as any high-priced superstar, Uceta didn't have the arm to reach the big time. A prospect for the Oakland Athletics in the early 1990s, Uceta's fastball never registered enough speed on the radar gun. Baseball is cruel that way. If anyone ever deserved to escape a horrible Santo Domingo slum, it was the kind-hearted Uceta who resisted drugs and violence, took care of his mother and played ball with all his heart.

Los norteamericanos nunca conocerán a Víctor Uceta. Aunque sus sueños de llegar a las Mayores eran tan fuertes como las de una superestrella de gran calibre, no tenía la fuerza para triunfar a lo grande. El lanzamiento de Uceta, que fue candidato a los Atléticos de Oakland a comienzos de la década de los 90, no registró velocidad suficiente en el radar. Esa es la crueldad del béisbol. Si alguien merecía escapar de un barrio de mala muerte, era Uceta, hombre de corazón grande que se mantuvo alejado de las drogas y la violencia, cuidó de su madre y jugó béisbol con toda el alma.

Freddie Soriano

A symbol of the harsh fates of baseball. Soriano was a lightning-fast prospect with the Oakland Athletics who was leading the California League in stolen bases in 1996—a blazing, disruptive presence who seemed a lock to rise above Class A ball and take his shot at the bigs. But in an early summer game, Soriano slid hard into second, shattering his left ankle. He would miss the rest of the season and never be quite the same again.

Un símbolo de la cruel suerte del béisbol. Soriano fue un candidato a los Atléticos de Oakland con una velocidad como de rayo, líder en bases robadas en la Liga de California en 1996. Tenía una presencia fogosa y perturbadora, y parecía jugar mejor béisbol que el de Clase A, desde donde quería llegar a las mayores. Pero durante un juego a comienzos del verano, al deslizarse para llegar a segunda base, se rompió el tobillo izquierdo. No jugó el resto de la temporada y nunca sería el mismo.

1996 • CERES, CALIFORNIA

Arturo Paulino

1996 • SCOTTSDALE, ARIZONA

A small-town Dominican kid who could play a mean third base, Arturo Paulino comes from a baseball family. Two cousins and a brother were signed to contracts by major league teams, quite a feat for an impoverished family residing just west of the Dominican capital of Santo Domingo. Paulino was tabbed by the Athletics as "a prospect," but those high expectations never materialized. Unable to decipher minor league pitching, Paulino languished on the bench before being released after the 1998 season. In the end, no member of his family ever reached the big leagues.

Proveniente de una familia beisbolera, Arturo Paulino es un muchacho de pueblo nacido en República Dominicana con un juego fenomenal en tercera base. Dos primos y un hermano suyos ficharon por equipos de grandes ligas, una gran hazaña para una familia pobre del occidente de la capital de República Dominicana, Santo Domingo. Los Atléticos lo llamaron "candidato", pero esas esperanzas nunca se materializaron. Incapaz de descifrar cómo era el lanzamiento en las ligas menores, Paulino languideció en la banca antes de ser despedido cuando terminó la temporada de 1998. Al final, ninguno de los miembros de la familia llegó a las grandes ligas.

José Paulino

Cousin of Arturo Paulino and nephew of Carlos Madé, José appeared to have all the tools to make a great pitcher. In his first summer league season with the Oakland Athletics, Paulino went undefeated and was totally dominant. But once he got to the United States, Paulino never seemed to adjust to the discipline and routine of minor league ball. The Athletics released him after the 1998 season. His story is familiar in Latino baseball where 90 to 95 percent of prospects signed never reach the big leagues.

Primo de Arturo Paulino y sobrino de Carlos Madé, José parecía tener todo lo que se necesitaba para ser un buen lanzador. Durante su primera temporada con los Atléticos de Oakland, no sufrió derrota y se destacó totalmente. Pero no supo ajustarse a la disciplina y la rutina del béisbol de ligas menores. Los Atléticos lo despidieron después de la temporada de 1998. Su caso es común entre los latinos que juegan béisbol: más del 90 por ciento de los candidatos que fichan nunca llegan a las grandes ligas.

1996 • *LA VICTORIA, THE DOMINICAN REPUBLIC*

Carlos Madé

1996 • NYC, NEW YORK

The Oakland Athletics signed Madé in the late 1980s. He thought he was headed for the big leagues, but what he didn't know was that the A's never believed he had the talent to cut it. They were trying to make a push in the Dominican and needed bodies to field teams. Madé just happened to be there, but he was clearly in over his head against the tough competition. When the end came, he chose to live in New York as an undocumented immigrant rather than return to poverty. He later married an American, became a legal resident and built a good life for himself in the Big Apple.

Madé fichó por los Atléticos de Oakland a finales de la década de los 80. Creyó que iba para las grandes ligas, pero no sabía que los Atléticos opinaban que no tenía talento. Trataban de penetrar en la República Dominicana y necesitaban gente para presentar equipos. Dio la casualidad de que Madé estaba allí, pero era obvio que hacía frente a una difícil competencia. Al final, decidió quedarse como indocumentado en Nueva York en vez de regresar a vivir en la pobreza. Tiempo después se casó con una norteamericana, se hizo residente legal y prosperó en la Gran Manzana.

Helpis Sosa

A Dominican pitching prospect with the Oakland Athletics, Sosa was struggling in the minors when he made a mistake—he let his frustration and the taunts of another player get the best of him. In a locker room in Medford, Oregon, Sosa hit an American player in the face, breaking his jaw. He was summarily released by the Athletics. Heartbroken, he stayed illegally in the U.S. by going to the Midwest to live with his girlfriend, whom he later married. Once his anger had passed, he missed the game terribly.

Sosa, un dominicano candidato a lanzador de los Atléticos de Oakland, cometió un error en las menores, donde batallaba, cuando se dejó llevar por su frustración y las mofas de otro jugador. En un vestidor en Medford, Oregon, golpeó a un jugador norteamericano en la quijada y se la rompió. Fue despedido inmediatamente por los Atléticos. Desconsolado, se quedó como ilegal en Estados Unidos y se fue a vivir a la región central del país con su novia, con quien después se casó. Echaría muchísimo de menos el juego una vez le pasó la ira.

1996 • LANSING, MICHIGAN

The Immortals and Heroes

Los inmortales y heroés

Luis Olmo

1993 • SAN JUAN, PUERTO RICO

One of the great players from Latin America—a Puerto Rican revered on his own island but also in Mexico and Venezuela—Olmo was a star among his people by the time he went to America in 1945 as a member of the Brooklyn Dodgers. That year, he was in the hunt for the National League RBI crown until the final weeks of the season. After two years, he and other "renegade" players would bolt the big leagues for more money in Mexico, the first ever challenge to baseball's power structure. Olmo and others were banned from organized baseball for years but they helped forge the first labor concessions by big league owners—something that made Olmo proud in his later years.

OLMO, uno de los grandes jugadores de América Latina —un puertorriqueño reverenciado en su propia isla, así como en México y Venezuela—, era una estrella entre los suyos cuando llegó a Estados Unidos en 1945 para integrarse a los Dodgers de Brooklyn. Hasta las semanas finales de la temporada, fue en pos del título de RBI de la Liga Nacional. En 1947, él y otros jugadores "renegados" abandonaron precipitadamente las grandes ligas y se fueron a México en busca de más dinero, lo que sería el primer reto a la estructura de poder del béisbol. Olmo y otros fueron vetados del béisbol de grandes ligas hasta 1949. Ayudaron a forjar las primeras concesiones que harían los dueños de las grandes ligas, lo que haría sentir orgulloso a Olmo en sus últimos años.

Born: August 11, 1919 / Birthplace: Arecibo, Puerto Rico / Height: 5'11'' / Weight: 190 / Position: OF, 2B, 3B / Bats right, throws right / Debut in Majors: July 23, 1943 / Career BA: .281 / Career RBIs: 272 / Special: 1945 was best year—.313 BA, 110 RBIs and league best 13 triples; 1946 bolted MLB to play in Mexico and re-instated in 1949

Minnie Minoso

Born: November 29, 1922 / Birthplace: Havana, Cuba / Height: 5'10" / Weight: 175 / Position: OF, 3B / Bats right, throws right / Debut in Majors: 1949 / Career BA: .298 / Career Homeruns: 186 / Career RBIs: 1023 / Special: 1951 Sporting News Rookie of the Year; led AL in stolen bases 1952, 1953; Gold Glove 1957; 6-time All-Star; became one of only two players to play in five decades with cameo pinch-hitting appearances in 70s and 80s

1993 • CHICAGO, ILLINOIS

Orestes "Minnie" Minoso is the undeclared Jackie Robinson of Latino baseball, the first legitimate Latino star in the major leagues. He was a base stealer and outfielder extraordinaire with the White Sox and the first black player in Chicago. Minoso shouldered the burden of being the victim of racial segregation in 1950s America as well as carrying the added weight of being a foreigner. Pitchers, angered by integration of the national pastime, repeatedly threw at him. Minoso never backed down, often tossing the ball back to the mound. From 1951 to 1964, he graced the game.

ORESTES "MINNIE" MINOSO es el Jackie Robinson no declarado del béisbol latino, la primera legítima estrella latina de las grandes ligas. Fue robador de base y extraordinario jardinero exterior de los Medias Blancas, y el primer jugador negro en Chicago. Llevó en sus hombros la carga de ser víctima de la segregación racial en la década de los 50 en Estados Unidos, además del estigma de ser extranjero. Los lanzadores, iracundos por la integración del pasatiempo nacional, le hacían lanzamientos continuamente. Minoso nunca se amilanó y a menudo les devolvía la pelota. Honró al juego entre 1951 y 1964.

Chico Carrasquel

1993 • CHICAGO, ILLINOIS

The grand daddy of all Latino shortstops—a Venezuelan wizard who played with artistry and flair, who turned double plays into moving pictures of grace and speed—Carrasquel was the best shortstop in baseball in the early 1950s. He was also a pioneer, the first Latino player to be selected to an All-Star game in 1951. He would play in three more mid-summer classics before injuries dulled his skills. Carrasquel was the first in a proud lineage of diamond magicians from Latin America—men who made the game more exciting.

CARRASQUEL, el abuelo de todos los paracortos latinos —un brujo venezolano que jugaba con maestría y donaire y que convertía dobles matanzas en escenas de gracia y velocidad—, fue el mejor paracortos de béisbol a comienzos de la década de los 50. Pionero también, fue el primer jugador latino en ser seleccionado para un Juego de Estrellas en 1951. Jugaría en tres clásicos de verano más antes de que las lesiones afectaran sus habilidades. Carrasquel fue el primero de un orgulloso linaje de magos del diamante oriundos de América Latina que harían más emocionante el juego.

Born: January 23, 1928 / Birthplace: Caracas, Venezuela / Height: 6'0" / Weight: 170 / Position: SS / Bats right, throws right / Debut in Majors: April 18, 1950 / Career BA: .258 / Fielding Percentage: .969 / Special: First Latino selected for the All-Star game, 1951; 4-time All-Star

Zoilo Versalles

Born: December 18, 1939 / Birthplace: Veldado, Cuba /
Died: June 9, 1995, Bloomington, MN / Height: 5'10" /
Weight: 150 / Position: SS / Bats right, throws right /
Debut in Majors: August 1, 1959 / Career BA: .242 /
Special: 2-time All-Star; 2-time Gold Glove;
AL MVP 1965

1993 • MINNEAPOLIS ST. PAUL, MINNNESOTA

A tragic figure in baseball's Latino story. A fiery Cuban who came to America before relations with Cuba were suspended in 1961, Versalles starred for the Minnesota Twins in the 1960s. He was the first Latino player to win the MVP award in 1965, though that distinction was barely noticed by the press. And when his career ended, the blunt, gruff Versalles drifted out of baseball and into near-poverty, forced to work as a janitor and perform other menial jobs to survive. He ended up selling his MVP trophy and all his awards for money. In 1995, before the current explosion of Latino players, he died at 59. It was only then that his accomplishments were finally recognized.

UNA FIGURA TRÁGICA en la historia de los latinos en el béisbol. Versalles, un cubano fogoso que vino a Estados Unidos antes de que las relaciones con Cuba se suspendieran en 1961, jugó con los Mellizos de Minnesota en la década de los 60. Fue el primer latino en ganar el premio al Jugador Más Valioso en 1965, aunque el honor a duras penas fue mencionado por la prensa. Y cuando su carrera terminó, Versalles, que no tenía pelos en la lengua y era áspero, se distanció del béisbol y casi cae en la pobreza, viéndose obligado a trabajar como celador y a hacer otras labores no calificadas para poder subsistir. Terminó vendiendo su trofeo de Jugador Más Valioso y todos sus premios. Murió a los 59 años, en 1995, antes del rápido aumento de jugadores latinos. Sólo hasta entonces sus logros fueron reconocidos.

Nino Escalera

1996 • SAN JUAN, PUERTO RICO

No one in America remembers Escalera today, but
he was one of the first black players to suit up for
baseball's oldest franchise—the Cincinnati Reds.
This was in the 1950s, when it wasn't easy to be
black and Puerto Rican in the American Midwest.
Escalera's big league career didn't last long, but well
into his 60s, he was still indulging his passion for
baseball—as a scout searching for the next great
Latino star. No matter what adversity Escalera
had faced, his love of baseball never faded.

NADIE EN ESTADOS UNIDOS recuerda a
Escalera hoy, pero fue uno de los primeros jugadores
negros en vestir el uniforme de uno de los equipos
de béisbol más viejos: los Rojos de Cincinnati. Esto
sucedió en la década de los 50, cuando no era fácil
ser negro y puertorriqueño en la región central de
Estados Unidos. Su carrera en las grandes ligas no
duró mucho, pero bien entrada la década de los
60 todavía daba rienda suelta a su pasión por el
béisbol: era un cazatalentos que buscaba a la
próxima estrella latina. A pesar de las adversidades
que sufrió, su amor por el juego nunca desapareció.

Born: December 1, 1929 / Birthplace: Santurce, Puerto
Rico / Height: 5'10" / Weight: 165 / Position: OF, 1B /
Bats left, throws right / Debut in Majors: April 17,
1954 / Career BA: .159 / Special: First black to play for
Cincinnati Redlegs; Professional scout 1961-Present

Born: February 7, 1937 / Birthplace: Santurce, Puerto Rico / Height: 5'11" / Weight: 190 / Position: Pitcher / Bats left, throws left / Debut in Majors: May 4, 1957 / Career ERA: 3.43 / Career Innings pitched: 2,034 / Won-Loss: 131-105 / Special: 2-time All-Star

Juan Pizarro

1996 • SAN JUAN, PUERTO RICO

He pitched in the big leagues for nearly 20 years, a product of the meanest streets in his native Puerto Rico. His blazing fastball struck fear into the hearts of batters—particularly in 1964, when he won 19 games for the Chicago White Sox. He passed through several teams in his day, the type of player loved by teammates but never understood by reporters who were unwilling or unable to get past his language deficiencies and withdrawn demeanor. After he retired, he returned to Puerto Rico, still throwing a baseball—but only for his own enjoyment.

PRODUCTO DE LAS CALLES más humildes de su Puerto Rico natal, fue lanzador de las grandes ligas durante casi 20 años. Sus candentes bolas rectas sembraron el miedo entre los bateadores, especialmente en 1964, cuando ganó 19 partidos con los Medias Blancas de Chicago. Jugó en varios equipos de su época y fue querido por sus compañeros, pero incomprendido por reporteros que no querían, o no podían, ver más allá de sus deficiencias en el idioma y su actitud reservada. Regresó a Puerto Rico después de retirarse; aún podía lanzar la pelota, pero sólo lo hacía para su propio placer.

Juan Marichal

1993 • SANTO DOMINGO,
THE DOMINICAN REPUBLIC

A regal man, a gentle man, a compassionate man whose stellar career was nearly marred by an ugly incident in 1965 when he brandished a bat and struck Los Angeles Dodgers' catcher John Roseboro in the head during a fight. Thankfully, Roseboro was not seriously hurt and Marichal's reputation was not destroyed. A San Francisco Giant who was a perennial 20-game winner in the 1960s, Marichal was a brilliant pitcher who could outsmart any hitter. His talent eventually got him to the Hall of Fame in 1983, a joyous day where Marichal spoke Spanish proudly during part of his acceptance speech.

HOMBRE DE CLASE, bondadoso y compasivo cuya estelar carrera casi se ve afectada por un desagradable incidente en 1965, cuando golpeó con un bate al receptor de los Dodgers de Los Ángeles John Roseboro en la cabeza durante una pelea. Afortunadamente, Roseboro no sufrió una lesión seria y la reputación de Marichal no se manchó. Jugador de los Gigantes de San Francisco y ganador de 20 juegos en la década de los 60, Marichal fue un lanzador brillante que podía burlar a cualquier bateador. Su talento lo llevó al Salón de la Fama en 1983, día memorable en el que, orgullosamente, pronunció en español parte de su discurso de aceptación.

Nicknames: Manito, Dominican Dandy or Mar /
Born: October 20, 1937 / Birthplace: Laguna Verde,
Dominican Republic / Height: 6'0" / Weight: 185 / Bats
right, throws right / Position: Pitcher / Debut in Majors:
July 19, 1960 / Career ERA: 2.89 / Won-Loss: 243-142 /
Special: Baseball Hall of Fame 1983; 6-time 20-game
winner; 9-time All-Star; 1965 All-Star game MVP

Tony Oliva

1993 • MINNEAPOLIS ST. PAUL, MINNNESOTA

In 1961, the Minnesota Twins released a skinny, toothy, black kid from Cuba who they were certain couldn't hit. That kid was 18-year-old Tony Oliva. As he packed his bags to go home, U.S.-backed rebels invaded his country at a place called the Bay of Pigs. Oliva couldn't go home. While he sat around doing nothing, a scout told the Twins they might as well use Oliva, so they did—sending him to a low-level minor league team. He started to hit, eventually batting over .400. Three years later, he won the American League batting title and was Rookie of the Year. He won three batting titles. Not bad for a kid who couldn't hit.

EN 1961, los Mellizos de Minnesota despidieron a un muchacho negro, flaco y dentón oriundo de Cuba que sabían que no podía batear. Ese muchacho era Tony Oliva, de 18 años de edad. En el momento en que hacía maletas para regresar a Cuba, un grupo de rebeldes respaldados por Estados Unidos invadieron su país en un lugar llamado Bahía de Cochinos. Oliva no podía regresar. Un cazatalentos les dijo a los Mellizos que más les valía que lo pusieran a trabajar, pues no estaba haciendo nada. Así fue, y lo enviaron a las ligas menores. Empezó a batear, pasando con el tiempo de .400. Tres años después ganó el título de bateo de la Liga Americana y fue el Novato del Año. Ganó tres títulos de bateo. No estuvo mal para un muchacho que no podía batear.

Born: July 20, 1940 / Birthplace: Pinar Del Rio, Cuba / Height: 6'2" / Weight: 190 / Position: OF, DH / Bats left, throws right / Debut in Majors: September 9, 1962 / Career BA: .304 / Career Hits: 1917 / Career RBIs: 947 / Career Fielding Percentage: .975 / Special: 1964 Rookie of the Year; Gold Glove 1966; 3-time AL batting champion; 8-time All-Star

Felipe Alou

1996 • SAN FRANCISCO, CALIFORNIA

The first Dominican player to make it to the big leagues, Alou played 17 successful years in the majors. He and his younger brothers Matty and Jesus made baseball history at the Polo Grounds on September 10, 1963 when all three, playing for the San Francisco Giants, batted consecutively against the Mets. A successful minor league manager, always placing an emphasis on teaching, he was named to manage the Montreal Expos in 1992 where he served until 2001, winning the Manager of the Year Award in 1994. The San Francisco Giants named him manager for the 2003 season.

ALOU, el primer jugador dominicano en llegar a las grandes ligas, jugó con éxito durante 17 años en las Mayores. Él y sus hermanos menores Matty y Jesús hicieron historia en el Polo Grounds el 30 de septiembre de 1963 cuando batearon consecutivamente contra los Mets. Exitoso gerente de ligas menores que siempre hacía énfasis en la enseñanza, fue nombrado gerente por los Expos de Montreal para este cargo en 1992, que ocupó hasta 2001, ganando el título de Gerente del Año en 1994. Los Gigantes de San Francisco lo nombraron gerente de la temporada de 2003.

Born: May 12, 1935 / Birthplace: Haina, Dominican Republic / Height: 6'0" / Weight: 195 / Position: OF, 1B / Bats right, throws right / Debut in Majors: June 8, 1958 / Career BA: .286 / Career RBIs: 852 / Career Hits: 2101 / Career Slugging Percentage: .433 / Special: 3-time All-Star; twice league leader in hits; Manager of the Year, 1994, with the Montreal Expos

Born: October 1, 1945 / Birthplace: On a moving train, Panama Canal Zone / Height: 6'0" / Weight: 182 / Positions: 1B, 2B / Bats left, throws right / Debut in Majors: April 11, 1967 / Career BA: .328 / Career Hits: 3053 / Career RBIs: 1015 / Career Fielding Percentage: .985 / Special: AL Rookie of the Year, 1967; AL MVP, 1977; 7-time AL Batting Title; 3-time AL hits leader; 18-time All-Star; Hall of Fame, 1991

Rod Carew

1999 • ANAHEIM, CALIFORNIA

Rodney Cline Carew was born on a moving train, traversing the rough landscape of Panama. He was named after the doctor who happened to be on the train and helped his mother when Rodney decided it was time to enter the world. It would be a prelude of things to come—Rod Carew always did things in a big way. A nine-time American League batting champion, an MVP, he will go down in history as one of the great hitters of all time. He is also one of a handful of Latinos in the Hall of Fame.

RODNEY CLINE CAREW nació en un tren que viajaba por el accidentado paisaje de Panamá. Se le puso el nombre del doctor que viajaba en el tren y que ayudó a la madre de Carew cuando éste decidió que era hora de llegar al mundo. Eso sería un preludio a lo que vendría después: Rod Carew siempre hizo las cosas a lo grande. Ganador nueve veces del premio de bateo de la Liga Americana y Jugador Más Valioso, pasará a la historia como uno de los grandes bateadores de todos los tiempos. Es también uno de varios latinos en el Salón de la Fama.

Tony Perez

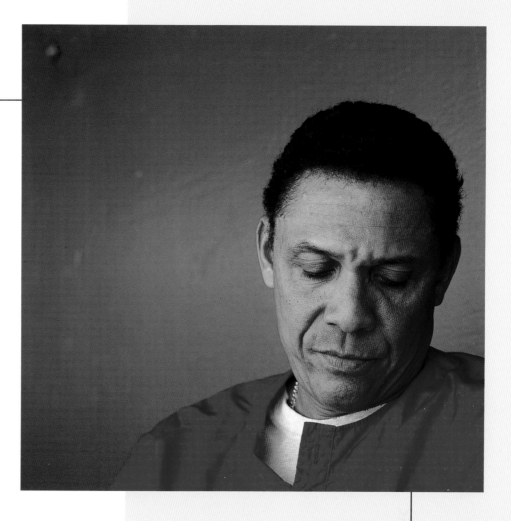

1993 • *SAN FRANCISCO, CALIFORNIA*

Tony Perez was the glue that held together the great Big Red Machine teams of the mid-1970s when the Cincinnati Reds owned baseball. The Cuban first baseman was the steady superstar on a team of flashier personalities. Sparky Anderson, his Hall of Fame manager, called Perez "the best clutch hitter I've ever seen." A testament to Perez' influence—when the Reds traded him in 1977, they fell from dominance. Teammates said it was because Perez was the soul of the team. All that is left now for Perez a decade after retiring is to be elected to his rightful place—the Hall of Fame.

TONY PÉREZ fue el eje que sostuvo a los grandes equipos de la Gran Máquina Roja a mediados de la década de los 70, cuando los Rojos de Cincinnati eran dueños del béisbol. El primera base cubano era la estrella regular en un equipo de personalidades ostentosas. Sparky Anderson, su manejador en el Salón de la Fama, lo llamó "el mejor bateador de bolas de última hora que he visto". Una prueba de su influencia es que cuando los Rojos lo cambiaron, el equipo perdió su hegemonía. Sus compañeros de equipo dijeron que fue porque él era alma del equipo. Lo que le queda a Pérez ahora, una década después de su retiro, es ser nombrado a lo que merece: el Salón de la Fama.

Born: May 14, 1942 / Birthplace: Ciego De Avila, Cuba / Height: 6'2" / Weight: 205 / Position: 1B, 3B / Bats right, throws right / Debut in Majors: July 26, 1964 / Career BA: .279 / Career Hits: 2732 / Career RBIs: 1652 / Career Fielding Percentage: .987 / Special: 7-time All-Star; 19th on Major League RBI list; 6 time 100 RBI years; Hall of Fame 2000; played in 5 World Series, winning 2; Managed Cincinnati in 1993 and Florida Marlins in 2001

Jorge Orta

1993 • CHICAGO, ILLINOIS

A smooth Mexican outfielder with the Chicago White Sox in the 1970s, Orta was one of the game's true gentlemen. Distinguished, well-dressed, always polite and courteous, Orta remains close to baseball— a regular at White Sox games. A talented pro who toiled on bad teams, he didn't let losing affect his professionalism and desire. A regular .300 hitter, Orta was one of Mexico's few big leaguers until recently.

UN PLACENTERO JARDINERO MEXICANO que jugaba con los Medias Blancas de Chicago en la década de los 70, Orta fue uno de los verdaderos caballeros del juego. Distinguido, bien vestido, siempre cortés y educado, Orta sigue apegado al juego: asiste con regularidad a los partidos de los Medias Blancas. Talentoso profesional que jugó en equipos malos, no dejó que la derrota afectara su profesionalismo y su anhelo. Bateador regular con un 300, Orta fue uno de los pocos jugadores de grandes ligas oriundo de Mexico.

Jorge Orta / Born: November 26, 1950 / Birthplace: Mazatlan, Mexico / Height: 5'10" / Weight: 175 / Positions: 2B, DH, OF, 3B, SS / Bats left, throws right / Debut in Majors: April 15, 1972 / Career BA: .278 / Special: All-Star 1975, 1980; tied ML record of 6 hits in a game, 1980; Mexico Baseball Hall of Fame 1976

Willie Hernandez

1993 • SAN JUAN, PUERTO RICO

In one magical year—1984—everything went right for Willie Hernandez, the stylish Puerto Rican. His Detroit Tigers obliterated all competition with their year-long stranglehold on the American League. Hernandez' mastery in the Tigers' bullpen (80 games, 32 saves, 1.92 ERA) punctuated this domination. Indeed, when his team would hand Hernandez a lead in the ninth inning, it was like money in the bank. That year, Hernandez won it all—he saved the All-Star game, the clinching game of the league championship series, and the final game of the World Series. Hernandez was awarded both the Cy Young Award and the MVP for his year of magic, the heart of a fine 13-year career.

EN 1984 —un año mágico— todo fue exitoso para Willie Hernández, el elegante puertorriqueño. Su equipo, los Tigres de Detroit, eliminó a la competencia, dominando la Liga Americana durante el año. La maestría de Hernández en el toril de los Tigres (80 partidos, 32 salvamentos, 1.92 ERA) acrecentaba la hegemonía. Ciertamente, cuando su equipo dejaba que Hernández se luciera en la novena entrada, era garantía de que algo grande pasaría. Ese año ganó todo: salvó el Juego de las Estrellas, el partido decisivo del campeonato de la liga y el partido final de la Serie Mundial. Fue premiado con el Premio Cy Young y el de Jugador Más Valioso, el clímax de una carrera de 13 años.

Born: November 14, 1954 / Birthplace: Aguada, Puerto Rico / Height: 6'3" / Weight: 180 / Bats left, throws left / Position: Relief pitcher / Debut in Majors: April 9, 1977 / Career ERA: 3.38 / Won-Loss: 70-63 / Career Saves: 147 / Total Games: 744 / Special: 1984 AL Cy Young winner; 1984 AL MVP; 3-time All-Star

Born: November 11, 1971 / Birthplace: Havana, Cuba / Height: 5'9" / Weight: 160 / Position: SS / Bats right, throws right / Debut in Majors: April 1, 1996 / Career BA: .245 / Fielding Percentage: .978 / Special: 3-time Gold Glove winner

Rey Ordoñez

1999 • NEW YORK CITY, NEW YORK

One of the best defensive shortstops in the majors, a wonder who makes the impossible possible. A New York Met, Ordoñez does it all and he does it with style. He goes deep in the hole behind second, reacts lightning quick and flies through the air to snare sure hits. A defector from Cuba, he left behind a wife and family to find fame and fortune in the U.S. He settled into the limelight in New York City and performed as if it were second nature to him. "Rey, Rey," as he is called, is a bona fide star and the latest in a line of great Latino shortstops.

UNO DE LOS MEJORES paracortos defensivos de las mayores, una maravilla que hace posible lo imposible. Jugador de los Mets de Nueva York, Ordoñez hace de todo y lo hace con estilo. Se sitúa bien detrás de segunda base, reacciona con velocidad de rayo y vuela por el aire para atrapar lo que son jonrones seguros. Desertó de Cuba, donde dejó una esposa y una familia, y vino a Estados Unidos a buscar fama y fortuna. Se radicó en la ciudad de Nueva York, donde es el centro de atención, y jugó como si fuera la cosa más natural. "Rey, Rey", como se le llama, es una estrella genuina y el más reciente de una serie de grandes paracortos latinos.

Juan Gonzalez

1999 • ANAHEIM, CALIFORNIA

He is "Juan Gone." As in "that ball Juan hit is long gone." Few hitters strike more fear in the hearts of pitchers than this Puerto Rican slugger who has been one of the most dominant players of his generation. A multiple All-Star, home run champ and two-time American League MVP, Gonzalez seems destined for the Hall of Fame. Yet, for economic reasons, the Rangers traded him to the Detroit Tigers at the end of the 1999 season. He played a year in Detroit, then a year in Cleveland where he had another great "Juan Gone" year, and in 2002 he returned to the Rangers.

LLAMADO "JUAN GONE" o "Juan, el que batea los que se van". Pocos bateadores le dan más miedo a los lanzadores que este bombadero puertorriqueño, uno de los jugadores más prominentes de su generación. Integrante de equipos de estrellas varias veces, campeón de jonrones y ganador dos veces del premio de Jugador Más Valioso de la Liga Americana, González parece destinado para el Salón de la Fama. Sin embargo, por razones económicas, los Rangers lo enviaron a los Tigres de Detroit a fines de 1999. Jugó durante un año en Detroit, otro año en Cleveland, donde tuvo un año típico de él, y regresó en 2002 a los Rangers.

Born: October 20, 1969 / Birthplace: Arecibo, Puerto Rico / Height: 6'3" / Weight: 210 / Positions: OF, DH / Bats right, throws right / Debut in Majors: September 1, 1989 / Career Home Runs: 405 / Career BA: .297 / Career RBIs: 1317 / Career Slugging Percentage: .563 / Special: 3-time All-Star; AL MVP 1996, 1998; AL RBI Title, 1998 (157); AL Home Run Title 1992 (43), 1993 (46)

Raul Mondesi

Raul Mondesi / Born: March 12, 1971 / Birthplace: San Cristobal, D.R. / Height: 5'11 / Weight: 202 / Position: OF / Bats right, throws right / Debut in Majors: July 19, 1993 / Career BA: .276 / Special: Rookie of the Year, 1994; All-Star 1995; 2-time Gold Glove winner

1998 • SAN FRANCISCO, CALIFORNIA

With a cannon for an arm, blazing speed, home run power and an aggressive personality, Mondesi seems to have all it takes to be a superstar. Yet at the end of the 1999 season, he was traded by the Los Angeles Dodgers to the Toronto Blue Jays following a year of bad feelings between him and his team. In 2002, he played for the New York Yankees. Mondesi has faced constant criticism for never taking his talents to the superstar level. He claims he is already there. Whether he and his critics ever solve their differences, the Dominican is raw power personified and always a threat to do something great.

CON UN BRAZO que hace las veces de cañón, tremenda velocidad, poder para los jonrones y una personalidad enérgica, Mondesi parece tener todo lo que se necesita para ser una superestrella. Sin embargo, a finales de la década de 1999, después de un año de tensiones entre los Dodgers de Los Ángeles, su equipo, fue enviado a los Blue Jays de Toronto. En 2002 jugó con los Yankees de Nueva York. Mondesi ha sido criticado continuamente por no usar su talento para llegar a nivel de superestrella. Él dice que ya lo es. Ya sea que él y sus críticos superen sus diferencias, este dominicano es el poder en bruto personificado y siempre un peligro para lograr algo grande.

Ivan Rodríguez

1999 • ANAHEIM, CALIFORNIA

Before he is done, "Pudge" Rodríguez may be called the greatest catcher who ever played the game. A fireplug from Puerto Rico, Rodríguez can hit and steal bases and his throwing arm is deadly—just ask American League base runners. He has a commanding presence behind the plate, at times soothing, at times harsh with pitchers needing help in games. He has also become a favorite of Texas Rangers' fans who have claimed him as one of their own.

ANTES DE QUE SE RETIRE, "Pudge" Rodríguez puede ser llamado el mejor receptor que ha visto el béisbol. Jugador macizo oriundo de Puerto Rico, Rodríguez puede batear y robar bases, y el brazo con que lanza es mortal. O si no, pregúntenle a los jugadores de la Liga Americana que corren entre bases. Tiene una presencia imponente detrás del plato, a veces serena, pero a veces recia con los lanzadores que necesitan ayuda en los partidos. Se ha convertido en uno de los favoritos de los fanáticos de los Rangers de Texas, quienes lo consideran uno de los suyos.

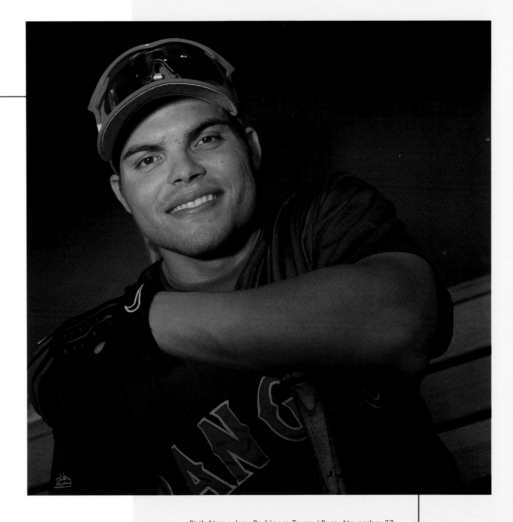

Birth Name: Ivan Rodriguez Torres / Born: November 27, 1971 / Birthplace: Manati, Puerto Rico / Height: 5'9" / Weight: 205 / Position: Catcher / Bats right, throws right / Debut in Majors: June 20, 1991 / Career BA thru 2002: .305 / Career Hits thru 2002: 1723 / Career Fielding Percentage thru 2002: .992 / Career Putouts thru 2002: 8543 / Special: 10-time All-Star; 10-year consecutive Gold Glove winner to tie Johnny Bench's record; AL MVP 1999

Alex Rodriguez

Born: July 27, 1975 / Birthplace: New York, NY. / Height: 6'3" / Weight 190 / Position: SS / Bats right, throws right / Debut in Majors: July 8, 1994 / Career BA: .309 / Career RBIs: 872 / Career Home Runs: 298 / Career Slugging Percentage: .579 / Career Fielding Percentage: .974 / Special: 7-time All-Star; AL HR Title (52) 2001, 2002 (57); AL RBI Title (142); 2002 AL Gold Glove; Highest paid player in baseball, 2002

1996 • *DETROIT, MICHIGAN*

AROD! Alex Rodriguez is the face of baseball's future—Latino, immensely talented, perfect for the media age. Of Dominican ancestry but born and raised in the U.S., Rodriguez took the American League by storm in 1996 and has been one of the most dominant players in the game ever since. His power and flair at shortstop combined with his good looks and articulate ways have made him millions. In 2001, he signed with the Texas Rangers for the richest contract in pro sports history. His annual salary? $25 million. In 2002 he led the American League in home runs and RBIs and finished second to Miguel Tejada in the MVP voting.

¡*AROD!* El rostro del futuro del béisbol: Latino, con talento abundante y perfecto para la era de la información. De ascendencia dominicana, pero nacido y criado en Estados Unidos, Rodríguez sorprendió a la Liga Americana en 1996 y ha sido uno de los jugadores más destacados del juego desde entonces. Su poder y donaire como paracortos, además de su buena apariencia y desenvolvimiento, han hecho que gane millones. En 2001, firmó el contrato más lucrativo de la historia de los deportes profesionales con los Rangers de Texas. ¿Su salario anual? $25 millones. En 2002, fue quien bateó más jonrones y tuvo más RBIs en la Liga Americana, y ocupó el segundo lugar, después de Miguel Tejada, cuando se votó por el Jugador Más Valioso.

Eric Chavez

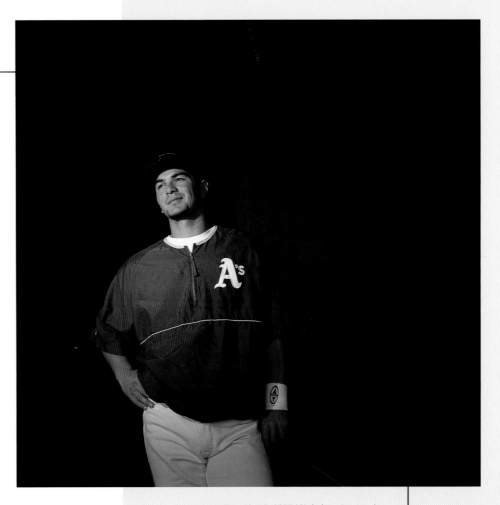

2002 • OAKLAND, CALIFORNIA

One of the greatest Mexican-American players of all time, though he was only 24 at the start of the 2002 season. In 2001, Chavez won a Gold Glove for his play at third base for the Oakland Athletics. And in 2002, he hit 34 homeruns and knocked in 109, the second straight year with over 30 homers and over 100 RBIs. Along with Miguel Tejada, Chavez is part of a new generation of thrilling Latin players within the Athletics' organization.

UNO DE LOS MEJORES jugadores mexicoamericanos de todos los tiempos, aunque sólo tenía 24 años al comienzo de la temporada de 2002. En 2001, ganó un Globo de Oro por su desempeño como tercera base de los Atléticos de Oakland. Y en 2002, su segundo año con más de 30 jonrones y 100 RBIs, bateó 34 jonrones e impulsó 109. Junto a Miguel Tejada, es parte de la nueva generación de apasionante jugadores latinos de los Atléticos.

Born: December 7, 1977 / Birthplace: Los Angeles, CA. / Height: 5'10" / Weight: 204 / Position: 3B / Bats left, throws right / Debut in Majors: 1998 / Career BA: .275 / Career Slugging Avg.: .499 / Special: AL Gold Glove 2001 and 2002

Born: May 25, 1976 / Birthplace: Bani,
Dominican Republic / Height: 5'10" /
Weight: 170 / Position: SS / Bats right,
throws right / Debut in Majors: August 27,
1997 / Career BA: .268 / Career RBIs: 498 /
Special: Played in all 162 games, 2001;
All-Star in his breakout year of 2002—
34 HRs, 131 RBIs, .308 BA, AL MVP 2002

Miguel Tejada

Living proof that baseball is about dreams. When he stood in a Central California alfalfa field in the spring of 1996, Miguel Tejada dreamed of being a big league ballplayer. He was thin, he could scarcely speak English, he had no guarantees but he would not be denied. Just six years later, he was the American League Most Valuable Player, a national hero in his native Dominican Republic and a very, very rich man. "Never," he said wistfully on the day of his MVP announcement. "I never could have dreamed that any of this could have happened to me."

A child of destitute parents whose family was displaced by a hurricane when he was three, Tejada lived five years of his life in a homeless shelter. He was out of school and working at 11. His mother died when he was 13—leaving him virtually orphaned. Baseball was his salvation. In 1997 he signed with the Oakland Athletics, and 2002 was truly his breakout year— 34 homeruns, 131 RBIs, .308 BA, 204 hits. He practically carried the A's during their incredible 20-game winning streak and first place finish in the tough America League West.

PRUEBA VIVIENTE de que el béisbol se trata de sueños. En 1996, cuando pisó un campo de alfalfa, Miguel Tejada soñó con ser un jugador de ligas mayores. Era delgado, apenas podía hablar inglés, no tenía garantías pero nada se interpondría en su camino. Seis años después era el Jugador Más Valioso de la Liga Americana, era un héroe nacional en República Dominicana natal y muy, muy rico. "Nunca", dijo pensativamente cuando se anunció aquel premio. "Nunca pude haber soñado que esto me sucediera a mí".

Hijo de padres pobres, cuando tenía tres años su familia quedó sin nada después de un huracán y pasó cinco años en un refugio para los sin hogar. A los 11 años dejó de estudiar y se puso a trabajar. Su madre murió cuando él tenía 13 años, quedando prácticamente huérfano. El béisbol fue su salvación. En 1997 fichó por los Atléticos de Oakland y 2002 fue el año en le que descolló verdaderamente: 34 jonrones, 131 RBIs, .308 de promedio de bateo y 204 batazos. Prácticamente sacó adelante a los Atléticos durante su increíble racha de 20 juegos ganados y el primer lugar en la difícil Liga Americana del Oeste.

TO OUR BEAUTIFUL WIVES,
Ruth Villegas and Jeannie Wong, for
their love, their friendship, their
devotion and their inspiration.
And to the memories of our mothers,
Consuelo Villegas and Elodia Bretón.
They will always be in our hearts.

PHOTOGRAPH BY MARK MORRIS

JOSÉ LUIS VILLEGAS (*right*) is
a graduate of the University of
San Francisco. He has been a staff
photographer with *The Sacramento
Bee* since February of 1992. Before
coming to the *Bee*, he spent six years
as a staff photographer with the *San
José Mercury News*. He has also worked
at the *Los Angeles Daily News*, *Arizona Daily Star*, and *Community
Edition of the Orange County Register*. In 1999, José was a contributing photographer in the Edward James Olmos project *Americanos*.
His photographs are part of the *Americanos* traveling exhibition.
He lives in Sacramento with his wife and two children.

 MARCOS BRETÓN (*left*) is a columnist with the *Sacramento
Bee*. Bretón collaborated with Chicago Cubs star Sammy Sosa on
SOSA: An Autobiography (Warner Books, 2000). Bretón was the
only West Coast writer to contribute an essay for the *Subway Series
Reader* (Simon & Schuster, 2000). A book of essays on the 2000
World Series between the New York Yankees and New York Mets,
the *Subway Series Reader* included work by David Halberstam,
Frank McCourt and George Will. Bretón is a past winner of the
Guillermo Martinez-Marquez Award, given by the National
Association of Hispanic Journalists. He lives in Sacramento with
his wife Jeannie Wong.

 In 1996, Marcos Bretón and José Luis Villegas were awarded the
Alicia Patterson Fellowship to work on a project on Latin Baseball.
The project was published as *Away Games* by Simon & Schuster in
1999. The seed for *Home is Everything* was in this initial project.

IN MEMORY OF *Justo Bretón y Alejandrina
Turnbul de Bretón; Anacleto Martinez y Hermila
Garcia de Martinez; Mora Tejada; Nazario Velasquez y
Rosario Lopez de Velasquez; Basilio Villegas y Eduarda
Najera de Villegas.*

THIS BOOK would not have been possible
without the love and support of our families.
Thank you to our fathers, Reynaldo Bretón and
Manuel Villegas, two immigrants from Mexico
who worked hard, raised families, taught us to be
proud of who we are, to hold onto our Spanish
and to love baseball. Gracias, Papi's! Love also to
three miracles—Jacqueline, Jeraline, and James—
for all the joy and pride they've brought their parents. My Family: Connie,
Carmen, Janie, Gloria, Manuel, Maria and Lorenzo. To our extended family: John
Trotter, "May God's light always shine on you." Jim, Joanne and Jake Gensheimer,
Vince Bernucci and Dorothy King—thank you! We owe a large debt of gratitude
to the Alicia Patterson Foundation, especially Peggy Engel for her guidance and
compassion. To our editors at Cinco Puntos, Bobby and Lee Byrd for seeing the
big picture. To Vicki Trego Hill, thank you. To Jimmy Dorantes of Latin Focus for
his tireless work ethic and bringing the dream to print. Many thanks to our
editors at the *Sacramento Bee*, especially Rick Rodriguez and Mark Morris. Our
good friend Sam Abell and The Santa Fe Workshop. Thanks also to Peter Bhatia,
Merrill Oliver, Mike Pearson, Michael Jones, Emmett Jordan, Paul Kitagaki, Ken
Light, and Michael Rondou. There were many people whose time and assistance
were invaluable, including Enrique Soto, Miguel Tejada, the Tejada family; James
Lloyd Gates Jr., Tim Wiles, Bruce Markusen and Scot Mondore of the National
Baseball Hall of Fame and Library; Mr. and Mrs. Carlos Madé of NYC; Vidal
Maldonado of the Pedrín Zorilla League; Mito Rivera; Sandy Alderson, Raymond
Abreu, Mike Quade. Luis Martinez, Tomas Silverio, Ron Plaza, Eric Carrington
and the Oakland Athletics; the 1996 West Michigan Whitecaps; Luis Rodriguez
Mayoral and all the current and former players who shared their time and stories
with us between 1993 and 2002. ¡Gracias a todos!